Dilermando Piva Jr.

SALA DE AULA DIGITAL

Uma introdução à cultura digital para educadores

ISBN 978-85-02-20666-3

CIP-BRASIL. CATALOGAÇÃO NA FONTE
SINDICATO NACIONAL DOS EDITORES DE LIVROS, RJ.

P764s
Piva Junior, Dilermano
Sala de aula digital : uma introdução à cultura digital para educadores / Dilermando Piva Jr. - 1. ed. - São Paulo : Saraiva, 2013.
152 p. ; 24 cm.

ISBN 978-85-02-20666-3

1. Educação - Inovações tecnológicas. 2. Tecnologia educacional. 3. Realidade virtual na educação. 4. Inovações educacionais. I. Título.

13-01726
CDD-371.3078
CDU-37.016:316.774

SOMOS EDUCAÇÃO | **saraiva** uni

Av. das Nações Unidas, 7221, 1º Andar, Setor B
Pinheiros – São Paulo – SP – CEP: 05425-902

SAC
0800-0117875
De 2ª a 6ª, das 8h às 18h
www.editorasaraiva.com.br/contato

Copyright © Dilermando Piva Jr.
2014 Saraiva Educação
Todos os direitos reservados.

Diretoria executiva	Flávia Alves Bravin
Diretoria editorial	Renata Pascual Müller
Gerência editorial	Rita de Cássia S. Puoço
Aquisições	Fernando Alves (coord.)
	Julia D'Allevo
Edição	Ana Laura Valerio
	Neto Bach
	Thiago Fraga
Produção editorial	Alline Garcia Bullara
	Amanda M. Loyola
	Daniela Nogueira Secondo
Serviços editoriais	Juliana Bojczuk Fermino

1ª edição
1ª tiragem: 2014
2ª tiragem: 2018

Revisão	ERJ Composição Editorial
Diagramação e capa	ERJ Composição Editorial
Impressão e acabamento	Bartira Gráfica

Nenhuma parte desta publicação poderá ser reproduzida por qualquer meio ou forma sem a prévia autorização da Saraiva Educação. A violação dos direitos autorais é crime estabelecido na lei nº 9.610/98 e punido pelo artigo 184 do Código Penal.

ERP 304.818.001.002

EDITAR	11824	CL	650249	CAE	573097

DEDICATÓRIA

Dedico esta obra aos meus pais, Dilermando e Tereza
e a minha esposa, Adriana.

AGRADECIMENTO

Este livro é reflexo das leituras, das práticas em sala de aula e das discussões e trocas de ideias realizadas com um grupo multidisciplinar de pessoas preocupadas com o futuro de nossas crianças, nossos jovens e adultos.

Pessoas, na grande maioria idealistas, que lutam para a construção de um Brasil melhor. Em particular, José Roberto de Oliveira Rebello, Geraldo Gonçalves Jr., João Ricardo Pupo, Yaeko Ozaki, Cássio Donizete Marques, Ricardo Luis de Freitas e José Oreste Benatti.

SOBRE O AUTOR
Dilermando Piva Jr.

É coordenador de Educação a Distância do Centro Paula Souza para o Ensino Superior (Fatecs). Doutor em Engenharia de Computação pela UNICAMP na área de Automação – Inteligência Artificial e Ensino a Distância. Professor pleno da Faculdade de Tecnologia de Indaiatuba e responsável técnico do Centro Paula Souza no convênio com a UNIVESP (Universidade Virtual do Estado de São Paulo). Atua nas áreas de Educação a Distância, Programação (Algoritmos e Engenharia de Software), Organização de Computadores, Inteligência Artificial, Tecnologia Educacional e Gestão Educacional. Autor de dezenas de artigos nacionais e internacionais e de livros na área de tecnologia educacional, educação a distância, organização de computadores e algoritmos. Avaliador do Ministério da Educação e do Conselho Estadual de Educação do Estado de São Paulo.

APRESENTAÇÃO

De forma objetiva e, ao mesmo tempo, evitando construções teóricas, porém sem perder o rigor necessário a toda ciência, o autor busca fornecer elementos para que os educadores, que vivenciam a "invasão" tecnológica em seu espaço de trabalho, possam orientar-se e utilizar a cultura digital a serviço de uma de suas principais atividades: a arte de educar".

A velocidade que as mudanças vêm acontecendo torna-se um desafio para o educador que deseja, efetivamente, ser contemporâneo, tendo em vista o sentido maior da educação.

Esta obra é, sem dúvida, uma importante ferramenta a partir da qual o educador encontrará uma fundamentação e uma orientação para adequar sua prática à ajuda – hoje imprescindível – da Informática.

No dia a dia, crianças e jovens vivem cercados pelo digital. Assim, a escola não pode ser uma ilha isolada: deve ser um espaço de construção coletiva do conhecimento. Para isso, nada melhor do que utilizar, de maneira correta e sábia, aquilo que a cultura digital tem a oferecer.

O autor buscou acompanhar e apresentar nesta obra, de forma metodológica e crítica, as etapas necessárias para a implantação da Informática nas escolas, bem como os diversos recursos atualmente disponíveis no mercado, sem deixar de refletir a necessária mudança de postura do educador diante da nova realidade, com o objetivo de integrar a Tecnologia a esse espaço. A tecnologia é a solução dos problemas? A leitura atenta desta obra pode ajudar a responder a essa questão.

Dilermando Piva Jr., doutor na área de Computação, exercendo atualmente a atividade no Centro Paula Souza como coordenador de Educação a Distância para o Ensino de Graduação, tem voltado sua preocupação para a área de Educação e sua dinâmica. O resultado dessa preocupação já se traduziu na obra *A Informática na era da educação: uma reflexão de educador para educador* e em outros três livros sobre educação a distância, algoritmos e organização de computadores. Agora, ele nos privilegia com mais uma obra, estruturada de forma dinâmica e com linguagem acessível. O leitor encontrará, neste livro, pequenos quadros elucidativos (quando se fizerem necessários) e será remetido a um glossário, no final de cada capítulo, com as palavras destacadas ao longo do texto, além de uma sucinta bibliografia para aprofundamento.

A obra apresenta uma novidade. O final será elaborado pelo leitor, através de sua participação, relatando sua experiência como educador. Ou seja, você será o coautor desta obra.

Que a educação possa ser plenamente valorizada pelos nossos governantes e por toda a população, sendo veículo de transformação na construção de um mundo mais solidário, mais feliz e humano.

Cássio Donizete Marques
Doutor em Educação pela Unicamp e
Professor do Centro Universitário Nossa Senhora do Patrocínio –
Itu e Salto

SUMÁRIO

Parte I Mudar para quê? Para que mudar?

Capítulo 1 De átomos para bits, de massa para moléculas.............3
   Para saber mais...7
   Atividades propostas...9
   Bibliografia sugerida..10

Capítulo 2 Tecnologia: solução dos problemas?.........................**11**
   Para saber mais...18
   Atividades propostas...20
   Bibliografia sugerida..20

Parte II Compreender para mudar

Capítulo 3 Recursos tecnológicos...**25**
   3.1 Hoje...26
      3.1.1 Laboratórios de informática...26
      3.1.2 Computador(es) dentro da sala de aula......................30
   3.2 O Futuro..33
   Para saber mais...35
   Atividades propostas...36
   Bibliografia sugerida..36

Capítulo 4 *Softwares* educacionais...**37**
   4.1 Introdução...37
   4.2 O computador como "meio" ou "fim" do processo?.............39
      4.2.1 O computador como "fim" do processo......................40
      4.2.2 O computador como "meio" do processo...................43
   Para saber mais...53

Atividades propostas..56

Bibliografia sugerida...57

Capítulo 5 Internet..**59**

5.1 Introdução..59

5.2 Exemplos de utilização da internet....................................63

    5.2.1 Nacionais..63

    5.2.2 Internacionais..64

    5.2.3 Língua Portuguesa/Literatura...................................65

    5.2.4 Matemática..65

    5.2.5 História...66

    5.2.6 Geografia...67

    5.2.7 Língua Estrangeira..67

    5.2.8 Artes...68

    5.2.9 Educação Física..69

    5.2.10 Física..69

    5.2.11 Química..70

    5.2.12 Biologia..71

Para saber mais...72

Atividades propostas..81

Bibliografia sugerida...81

Capítulo 6 Comunidades, colaboração e conectividade.................**83**

6.1 Introdução..83

6.2 Blog...84

6.3 Twitter...85

6.4 Facebook..87

6.5 YouTube...87

6.6 Skype..88

6.7 Wiki..89

6.8 Mundos virtuais 3D e simulações.......................................89

Para saber mais...91

Atividades propostas..93

Bibliografia sugerida...93

Parte III Não lamente... faça!

Capítulo 7 O planejamento **97**

    7.1 Introdução 97

    7.2 O planejamento 100

    7.3 Um exemplo de processo de planejamento (simples) 101

    Para saber mais 109

    Atividades propostas 112

    Bibliografia sugerida 112

Capítulo 8 Mudança de postura das pessoas envolvidas **113**

    Para saber mais 118

    Atividades propostas 119

    Bibliografia sugerida 120

Capítulo 9 A integração da tecnologia **121**

    Para saber mais 129

    Atividades propostas 130

    Bibliografia sugerida 131

Capítulo 10 O futuro **133**

Referências **135**

PARTE I

Mudar para quê? Para que mudar?

CAPÍTULO 1

▶ De átomos para bits, de massa para moléculas

"A mudança de átomos para bits é irrevogável, e não há como detê--la", afirma, categoricamente, Nicholas Negroponte nas palavras iniciais de seu livro.[1] Imaginem a movimentação regular da música gravada na forma de pedaços de plástico (CDs), assim como o lento manuseio humano da maior parte da informação, sob a forma de livros, revistas, jornais e videocassetes. Tudo isso, segundo o autor, já se transformou, há muitos anos, na transferência instantânea e barata de dados eletrônicos movendo-se à velocidade da luz. *Tablets*, *iPods*, *smartphones* possibilitam, juntamente com redes de dados mais rápidas, que isso se amplie exponencialmente. Assim, a informação transforma-se gradativamente, tornando-se mais acessível a todos.

Historicamente, a sociedade sempre possuiu um foco de atuação: no tempo das cavernas, esse foco estava na construção de implementos de caça; depois, passou para grandes quantidades de terras produtivas, deslocando-se logo em seguida para os recursos naturais. Em tempos mais recentes, o foco de atuação passou para o processo industrial e, depois das duas grandes guerras mundiais, mudou novamente, passando para a área financeira. Hoje, vive-se novamente um período de

---

1 NEGROPONTE, Nicholas. *A vida digital.* São Paulo: Companhia das Letras, 1995.

transição: estamos na chamada "era da informação", em que o computador e todos os recursos tecnológicos são aliados.

Por ser dinâmica, a sociedade sempre esteve em constante mutação. Entretanto, nunca, em toda a história, essa dinamicidade foi tão visível. Forças como **competição global**, desregulamentação das leis, mudanças estruturais, capacidade ociosa, fusões e aquisições, menor protecionismo, expectativa dos consumidores, novas tecnologias e surgimento de **blocos comerciais** estão pressionando, de forma única, as organizações e a sociedade como um todo, exigindo que estas repensem radicalmente seus rumos para adequar-se à nova realidade que se apresenta.

> **Competição global**. Devido à queda cada vez mais constante das barreiras comerciais, o mundo está se transformando em um mercado único. Assim, a produção de determinado bem ou serviço pode sofrer a concorrência de outro produto ou serviço, feito do outro lado do planeta. Dessa forma, a competição passa de regional para global.

Em especial, as novas tecnologias estão oferecendo ferramentas de comunicação social poderosíssimas. A internet, representada principalmente pelas redes sociais, é um exemplo claro dessa transformação, não só pelas novas possibilidades de comunicação globalizada que produz, mas também pela nova cultura social concebida.

> **Blocos comerciais**. São blocos formados por vários países que permitem o livre comércio entre suas fronteiras, sem as tradicionais barreiras tributárias.

Nossas crianças estão crescendo num ambiente de muita **interatividade**, liberdade de criação e desenvolvimento, próprios do conhecimento, fazendo surgir uma nova geração: a "Geração de Rede".

> **Interatividade**. Diz respeito à ação recíproca entre dois objetos; no caso, o usuário e o computador. O usuário executa determinada ação e o sistema responde a ela de forma rápida e amigável. O grau de interatividade de um sistema aumenta na mesma proporção de facilidade e amigabilidade proporcionada ao usuário.

Se, de um lado, essas transformações trazem infinitas possibilidades para as futuras gerações, de outro, levantam problemas gravíssimos de choques estruturais. Isso se torna claro quando se analisam as estruturas sólidas, rígidas e hierarquizadas das atuais organizações que ainda resistem às transformações que vêm ocorrendo.

Segundo Don Tapscott,[2] que lançou o livro *Crescendo digitalmente: o surgimento da geração de rede,* em 1997 e, 11 anos mais tarde, em 2009, lançou *Crescendo digitalmente: como a geração de rede está mudando o mundo,*[3] que detalha um pouco mais a primeira obra e mostra como a geração de rede começou a transformar a sociedade, esses jovens autoconfiantes, obcecados pela intensa comunicação eletrônica e extremamente questionadores estão entrando no mercado de trabalho e mexendo com as estruturas organizacionais tradicionais, isto é, abalando empresas e organizações até então sólidas.

Na visão tradicional, os trabalhadores são encarados como "dentes" de uma grande engrenagem (o filme *Tempos Modernos*, de Charles Chaplin, retrata bem essa estrutura). Na nova concepção organizacional, os trabalhadores (ou colaboradores) são encarados como a menor parte de um todo (uma molécula) e, ao mesmo tempo, parte integrante desse todo. Em Física, a molécula é um dos elementos básicos da matéria. É a menor partícula em que uma substância pode ser dividida sem perder a identidade química, original do todo.

A nova empresa, portanto, baseia-se no indivíduo, no trabalhador do conhecimento, em uma espécie de "molécula humana". Dessa forma, o que era encarado apenas como massa vira molécula. Com isso, a concentração de riqueza das organizações muda de lugar novamente, passando a concentrar-se no trabalho conceitual das pessoas, que trabalham em rede (ou grupos), cada qual em sua especialidade.

Fredric Litto,[4] que foi por muitos anos o responsável pela Escola do Futuro da Universidade de São Paulo (USP) e hoje é o presidente da

---

2 TAPSCOTT, Don. *Growing up digital*: the rise of the net generation. New York: McGraw-Hill, 1997.

3 TAPSCOTT, Don. *Growing up digital*: how the net generation is changing the world. New York: McGraw-Hill, 2009.

4 LITTO, Fredric M. *Computadores*. Cartagena e conscientização regional. Projeto Aprendiz do Futuro, 1998. Disponível em: <http://www.aprendiz.com.br>. Acesso em: 8 fev. 2013.

Associação Brasileira de Educação a Distância (ABED), diz que "com base na mudança da concepção organizacional e suportados pela alta tecnologia, o conceito de *molecularização* toma conta de toda a sociedade, indo desde a educação (cada pessoa tratada como um aprendiz, individualmente), passando pelo marketing organizacional (cada cliente tratado como um mercado único), chegando à sociedade em geral (estruturas moleculares fluidas feitas de agrupamentos *ad hoc* de equipes e redes)".

No passado, a **vantagem competitiva** era obtida por fatores de economia em escala, produtividade e custo da mão de obra. Hoje, e isso tende a se intensificar ainda mais, é obtida pela renovação (ou autorrenovação) contínua de produtos, serviços, sistemas, processos e pessoas.

> **Vantagem competitiva**. É a vantagem que determinada empresa consegue em relação a suas concorrentes, proveniente do valor criado pelo relacionamento com seus clientes, através de uma profunda e constante análise dos ambientes interno e externo no qual está inserida.

Note que essa transformação é inevitável. Observam-se seus reflexos nos novos perfis exigidos. O executivo moderno e as organizações que não mudarem suas estruturas e formas não terão mais lugar na nova sociedade. Dessa forma, essas transformações sociais proporcionam novas possibilidades, novos desafios e ameaças, democratizam as informações, afetando diretamente a vida das pessoas.

O ensino formal atual, colocado diante de todas essas mudanças, pode ser comparado a um grande e velho dinossauro. As formas e técnicas de transmissão de conhecimento remontam a centenas de anos. Existe até uma brincadeira em relação a isso: se pudéssemos transportar para os nossos dias uma pessoa que viveu na Europa por volta do ano de 1700, o lugar mais familiar que ela encontraria seria a sala de aula, já que nela ocorreram pouquíssimas mudanças.

É certo que não se pode esperar da tecnologia (computadores, redes etc.) uma solução mágica para modificar profundamente a situação pedagógica atual, mas ela pode facilitar muito as pesquisas individual e em grupo, o intercâmbio de informações, as experiências, o esclarecimento de dúvidas, a simulação de ambientes reais, a aplicação prática de toda a teoria aprendida etc.

Todas as inovações são ótimas para os profissionais atentos às novidades, que estão sempre abertos a atualizar-se e a comunicar-se. Mas elas serão um tormento para pessoas acomodadas, que se acostumaram a fazer suas atividades sempre do mesmo jeito, como os professores que falam o tempo todo em aula e que impõem um único ritmo de aprendizagem. Esses profissionais pensam – e poderão continuar pensando – que a internet e toda essa inundação tecnológica são muito chatas e complicadas, e assim, manter-se afastados desses recursos o máximo possível, sempre criticando sua utilização.

A defasagem desses profissionais tornar-se-á cada vez mais perceptível. Quanto mais informação tem-se disponível, mais complexos tornam-se os processos, e o ensino-aprendizagem não é uma exceção. Nós, educadores, podemos (e devemos) enriquecer extraordinariamente o processo de ensino. Ensinar é orientar, estimular, relacionar, não apenas informar. Só pode orientar aquele que conhece, aquele que possui uma boa base teórica e comunicacional, aquele que consegue caminhar diante de tantas mudanças. Para tanto, o educador, assim como os demais profissionais, deverão atualizar-se sempre, abrir-se para as novidades e tornar-se aprendizes permanentes!

PARA SABER MAIS

Informação

Expressão do conhecimento de ideias, fatos e/ou pessoas. Assim, Theodore Roszak, autor do livro *O culto da Informação*,[5] diz que informação não é conhecimento. Você pode produzir dados primários em massa e em incríveis quantidades de fatos e números. Mas não pode fazer a produção em massa de conhecimento, que é criado por mentes individuais, a partir de experiências individuais, separando o significativo do irrelevante, realizando julgamento de valor. Dessa forma, como

---

5 ROSZAK, Theodore. *O culto da informação*. São Paulo: Brasiliense, 1998.

vivemos em uma sociedade baseada na informação, para sobreviver no mercado de trabalho e para atuar na sociedade em geral, somos forçados a assimilar uma massa de conhecimento que se amplia a cada minuto. A informação transformou-se na força, motriz de nossa vida, e a terrível ameaça de uma pilha de livros, periódicos, brochuras, memorandos, relatórios cada vez maiores nos leva à ansiedade... à ansiedade da informação![6]

Internet

"É o nome da rede que liga computadores pessoais do mundo inteiro, em sua maioria por linha telefônica, e que começou a existir na década de 1960 a pedido do Ministério da Defesa dos Estados Unidos, que desejava um meio para transmitir documentos e informações que não fosse centralizado e, portanto, não pudesse ser facilmente destruído ou sabotado pelo arqui-inimigo soviético. No início foi utilizada somente entre os cientistas de algumas grandes universidades, mas, com a disseminação dos computadores pessoais na década de 1980, a internet expandiu-se para usuários de todos os tipos, abrangendo não só a troca de informações técnicas e científicas, mas também variados contatos a distância, inclusive para jogos, namoros e a compra de produtos. Estima-se que chegue a atingir 1 bilhão de usuários na virada para o século XXI."[7]

---

6 WURMAN, Richard Saul. *Ansiedade de informação:* como transformar informação em compreensão. 2. ed. São Paulo: Editora de Cultura, 1999.

7 DIMENSTEIN, Gilberto. *Aprendiz do futuro:* cidadania hoje e amanhã. São Paulo: Ática, 1997. p. 18.
Atualmente a linha telefônica não é a principal forma de acesso.
[N.A.] No momento em que estou escrevendo este livro (jun. 2013), a última estatística confiável a que tive acesso foi o relatório da *Internet World Stats,* disponibilizado em junho de 2012, que indicava um total de 2,4 bilhões de usuários de internet no mundo. Só os países asiáticos representavam quase 45% do total desses usuários.
(Fonte: <http://www.internetworldstats.com/stats.htm. Acesso em: 21 jun. 2013.)

Aprendizagem permanente

"Trata-se de um novo conceito no mercado de trabalho resultante da rápida obsolescência dos conhecimentos técnicos, devido aos constantes avanços em áreas como Computação, Engenharia Genética, Administração. Até a década de 1980, as universidades eram vistas como locais de instrução definitiva, exatamente como na época em que foram criadas: quem recebia treinamento em Medicina na Escola de Salermo, o primeiro centro de estudos no século IX a conquistar fama em toda a Europa, era considerado suficientemente preparado para ser médico em qualquer corte real, sem jamais ter de rever seus conhecimentos. Hoje, o profissional que não se mantém atualizado corre o risco de se ver completamente defasado poucos anos depois de formado, necessitando adotar o hábito da aprendizagem permanente para poder continuar capaz de acompanhar as transformações do mercado."[8]

---

8 DIMENSTEIN, 1997, p. 10.

ATIVIDADES PROPOSTAS

1. Existe, realmente, uma ineficiência do sistema educacional atual? Reúna-se com alguns colegas e procure elencar as ineficiências e as possíveis reformas que o grupo considera pertinente ao sistema, com a finalidade de torná-lo eficiente.

2. No mesmo grupo, discuta como a educação eficiente poderia reduzir o processo de exclusão social, principalmente nas parcelas mais pobres da sociedade.

3. Discuta e relacione as consequências que o processo de globalização está trazendo para a sua região, cidade ou seu bairro. Divida-as em positivas e negativas.

4. Faça uma pesquisa sobre uma escola que aderiu aos avanços da tecnologia e uma escola mais tradicional. Compare a educação em cada uma dessas escolas.

5. Faça uma pesquisa sobre a utilização da internet no mundo e o número de usuários dos principais países. Faça também uma pesquisa sobre o desempenho dos alunos desses países e correlacione a utilização da internet e o desempenho escolar. Existe alguma relação entre eles? Discuta em grupo algumas conclusões.

BIBLIOGRAFIA SUGERIDA

CHRISTENSEN, C. M. et al. *Inovação na sala de aula*: como a inovação muda a forma de aprender. Porto Alegre: Bookman, 2009.

DIMENSTEIN, Gilberto. *Aprendiz do futuro*: cidadania hoje e amanhã. São Paulo: Ática, 1997.

ESTEFENON, S. G. B.; EISENSTEIN, E. (Orgs.) *Geração digital*: riscos e benefícios das novas tecnologias para as crianças e os adolescentes. Rio de Janeiro: Vieira e Lent, 2008.

NEGROPONTE, Nicholas. *A vida digital*. São Paulo: Companhia das Letras, 1995.

TAPSCOTT, Don. *Growing up digital*: the rise of the net generation. New York: McGraw-Hill, 1998.

WURMAN, Richard Saul. *Ansiedade de informação*: como transformar informação em compreensão. 2. ed. São Paulo: Editora de Cultura, 1999.

CAPÍTULO 2

▶ Tecnologia: solução dos problemas?

Temos que agir rápido e energicamente se quisermos garantir uma boa educação aos nossos netos. Segundo alguns dados fornecidos pelo Ministério da Educação (MEC), pela Organização para a Cooperação e Desenvolvimento Econômico (OCDE), pelo Instituto Brasileiro de Geografia e Estatística (IBGE) e por outras instituições que tratam de questões e dados da área educacional, a situação da educação no nosso país é bastante preocupante, indo desde a falta de vagas nas escolas, baixas taxas de escolaridade, falta de recursos e pouco investimento até a baixa qualificação do corpo docente – o ensino no Brasil, sem dúvida, passa por uma fase muito delicada.

Comparando os dados estatísticos da situação da educação brasileira na linha do tempo, percebemos uma grande melhoria; entretanto, hoje o cenário está muito aquém do ideal. Em 1995, a situação era a seguinte: 53,5% das crianças entre 4 e 6 anos, 90,2% entre 7 e 14 anos e 66,6% entre 15 e 17 anos estavam na escola. Segundo o IBGE, a taxa de analfabetismo da população com mais de 15 anos era de 15,5%.[1] Os últimos dados mostram um cenário um pouco melhor: 85% das

---

1 INSTITUTO BRASILEIRO DE GEOGRAFIA E ESTATÍSTICA – IBGE, 1995. Disponível em: <http://www.ibge.gov.br>. Acesso em: 19 abr. 2013.

crianças entre 4 a 6 anos, 96,9% entre 7 e 14 anos e 83,3% entre 15 e 17 anos estavam na escola. Nesse mesmo período, a taxa de analfabetismo da população com mais de 15 anos era de 9,6%.[2]

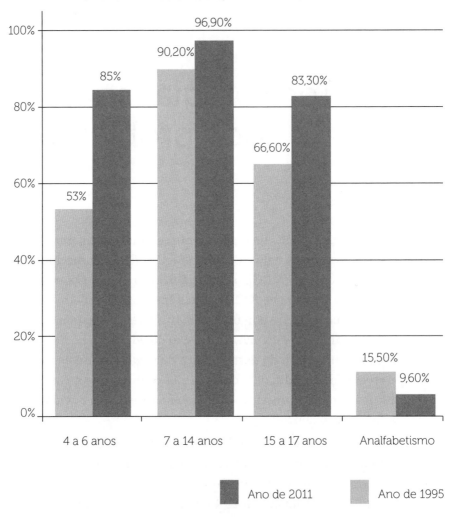

Figura 2.1 Evolução do percentual de crianças e jovens no Ensino Fundamental e no Ensino Médio, de 1995 a 2011[3]

A tabela a seguir mostra a evolução da formação docente de 1999 a 2010.

---

2 IBGE, 2011.
3 IBGE, 1995 e 2011.

Tabela 2.1 Evolução da formação docente em nivel superior, de 1999 a 2010[4]

Nível de ensino	1999 (%)	2002 (%)	2005 (%)	2008 (%)	2010 (%)
Ensino Fundamental (primeiros anos)	23,3	30,3	47,7	60,2	62,4
Ensino Fundamental (anos finais)	74,0	75,1	83,2	77,8	79,2
Ensino Médio	88,1	89,3	95,6	91,3	91,0

Fonte: IBGE 1999 e 2011.

Como pode-se observar na tabela, até 2005 houve uma evolução na formação dos professores que atuam no Ensino Médio e no Ensino Fundamental (últimos anos), e após esse período ocorreu uma queda bem acentuada. Isso pode indicar baixo investimento e falta de reconhecimento da função de professor, com a migração de uma boa parcela desses profissionais, principalmente os mais bem formados, para o mercado financeiro, que, em geral, valoriza e paga mais.

No caso de professores que atuam nas séries iniciais do Ensino Fundamental, observa-se uma evolução, principalmente em virtude da Lei de Diretrizes e Bases (LDB), que exige formação mínima para a atuação profissional. Mesmo assim, o percentual final, em 2010, está aquém até mesmo dos índices de 1999 do próprio Ensino Fundamental (anos finais).

O Banco Interamericano de Desenvolvimento (BID) divulgou, em abril de 1998, um relatório intitulado *Futuro em risco*.[5] Nele, ao se considerar o desempenho dos alunos, observou-se que a taxa de reprovação na 1ª série, atual 2º ano do Ensino Fundamental I, da rede pública fundamental, por exemplo, está longe da média da América Latina (42%) – nosso índice é de 53%. Isso reflete a situação bastante precária em que estamos. Em virtude de políticas públicas, essa taxa de reprovação diminuiu muito (em 2010, a mesma taxa era de 8,3%), mas isso não significou melhoria no desempenho, pois melhoramos apenas os números, não as cabeças!

4 IBGE, 1999 e 2011.
5 BID E INTER-AMERICAN DIALOGUE. Futuro em Risco. *Jornal do Brasil*, Rio de Janeiro, 10 abr. 1998

Se observarmos o desempenho dos estudantes brasileiros na última avaliação do **PISA**, em 2009, perceberemos que o Brasil ocupa a posição número 53 em um total de 65 países avaliados. Mesmo com o programa social que incentivou a matrícula de 98% de crianças entre 6 e 12 anos, ainda temos 731 mil crianças fora da escola.[6]

> **PISA** é o Programa Internacional de Avaliação de Alunos (em inglês, Programme for International Student Assessment). Trata-se de uma rede mundial de avaliação de desempenho escolar, realizado pela primeira vez em 2000, e repetido a cada três anos. É coordenado pela Organização para Cooperação e Desenvolvimento Econômico (OCDE), com o objetivo de melhorar as políticas e os resultados educacionais.

Segundo o IBOPE, o analfabetismo funcional das pessoas entre 15 e 64 anos chega a 28%, e 34% dos alunos que chegam ao 5º ano de escolarização não conseguem ler.[7] Conforme relatório divulgado em setembro de 2012, pela OCDE, o Brasil aumentou o investimento em educação nos últimos 10 anos, passando de 10,5% para 16,8% do total dos gastos públicos. Entretanto, mais dinheiro não significou mais qualidade, já que a qualificação de professores e diretores não acompanhou o investimento.

No ensino superior, dentre os países latino-americanos, o Brasil apresenta um dos menores percentuais de jovens entre 18 e 24 anos matriculados. Segundo a **Pesquisa Nacional por Amostra de Domicílios (PNAD)**, existiam apenas 19% de alunos dessa faixa matriculados. Apenas a título de comparação, em 1997 esse mesmo percentual nos Estados Unidos era de 45% e na Coreia do Sul era de 69%.

Veja, na tabela a seguir, o detalhamento da população jovem do Brasil, com idade entre 18 e 24 anos.

---

6 IBGE, 2010.

7 INSTITUTO BRASILEIRO DE OPINIÃO PÚBLICA E ESTATÍSTICA – IBOPE, 2009 – Relatório INAF-2009. Indicador de Alfabetismo Funcional: principais resultados. Disponível em: <http://www4.ibope.com.br/ipm/relatorios/relatorio_inaf_2009.pdf>. Acesso em: 19 abr. 2012.

Tabela 2.2 Taxa da população com idade entre 18 e 24 anos, segundo o nível de escolaridade – Brasil, 2009[8]

Situação escolar	Porcentagem (%)
Não concluiu o Ensino Fundamental	21
Concluiu apenas o Ensino Fundamental	27
Concluiu o Ensino Médio	33
Teve acesso ao ensino superior	19

Dessas estatísticas, agregadas ao número de analfabetos adultos (acima de 15 anos), que, em 2011, chegou perto dos 14 milhões, no Brasil,[9] pode-se inferir o risco que corremos de perder a competição com nações mais desenvolvidas (principalmente as nações do **BRICS**) no futuro.

> **BRICS**, em economia, é uma sigla que se refere a Brasil, Rússia, Índia, China e África do Sul, que se destacam no cenário mundialcomo países em desenvolvimento.

Segundo Gary Becker, prêmio Nobel de Economia de 1992, "os países que investiram volume considerável de recursos para educar suas populações são aqueles que obtiveram maior desenvolvimento econômico". Becker acrescenta que "a educação permite aos jovens das camadas pobres ascender no mundo, fazendo com que se reduza a tendência das desigualdades de riquezas de se perpetuar de uma geração para a outra".[10]

A média de investimento das nações consideradas desenvolvidas por aluno/ano na Educação Básica gira em torno de US$ 7,719 bilhões,

---

8 PNAD/IBGE, 2009. Pesquisa Nacional por Amostra de Domicílios (PNAD). Rio de Janeiro: IBGE, 2009. Disponível em <http://www.ibge.gov.br/home/estatistica/populacao/trabalhoerendimento/pnad2009/pnad_sintese_2009.pdf>. Acesso em: 13 fev. 2013.

9 Portal G1 (2001). IBGE indica que analfabetismo cai menos entre maiores de 15 anos. Disponível em: <http://g1.globo.com/brasil/noticia/2011/11/ibge-indica-que-analfabetismo-cai-menos-entre-maiores-de-15-anos.html>. Acesso em: 19 abr. 2013.

10 BECKER, Gary S. A Theory of Social Interactions. *Journal of Political Economy*, 82(6), p. 1063-1093, 1974.

enquanto no Brasil, o investimento gira em torno de US$ 2,405 bilhões – ou seja, bem menos da metade.[11]

Assim, diante de tantos problemas e de tamanhas desigualdades sociais, econômicas e culturais, surgem a informática, os computadores e toda a parafernália tecnológica proveniente dos recursos computacionais.

A tecnologia surge como uma espécie de **panaceia** para a educação.

> **Panaceia**, na mitologia Grega, era a deusa da cura. O termo **panaceia**, em virtude disso, passou a ser utilizado como "o remédio para todas as doenças". Dessa forma, quando dizemos que a tecnologia não é panaceia da educação, queremos enfatizar que ela não resolve todos os problemas encontrados na área educacional.

Como é a aplicação de tecnologias em escolas onde faltam vagas, banheiros, água corrente, carteiras, giz e apagador?

Bill Gates[12] salienta que "a informação trazida pelos avanços tecnológicos, em sua melhor representação, os computadores, não vai resolver os graves problemas que muitas escolas enfrentam atualmente, como violência, drogas, altas taxas de evasão, professores mais preocupados com a sobrevivência do que com a educação e estudantes esquivando-se de vândalos no caminho para a escola. Antes de nos preocupar em oferecer uma nova tecnologia, temos de resolver os problemas fundamentais".

O que se deve ter em mente é que aquilo que está errado com o sistema educacional não pode ser reparado com a simples introdução de computadores nas salas de aula; isso deve ser feito com o saneamento das necessidades básicas educacionais, como já mencionado.

Um comentário bastante pertinente foi feito no editorial do jornal *O Globo*:

> É certíssimo que haja computadores para o inestimável apoio didático nas escolas reconhecidas como padrão de

---

11 OCDE, 2012. Education at a Glace 2012. In: UOL Educação. Brasil aumenta investimento em educação, mas ainda não alcança médias da OCDE. Disponível em: <http://educacao.uol.com.br/noticias/2012/09/11/brasil-aumenta-investimento-em-educacao-mas-ainda-nao-alcanca-medias-da-ocde.htm>. Acesso em: 19 abr. 2013.

12 GATES, Bill. *A estrada do futuro*. São Paulo: Companhia das Letras, 1995.

qualidade no Ensino Fundamental. Mas temos estatísticas que mostram um número altíssimo de escolas públicas brasileiras em que há muito a se fazer antes de nelas se instalarem computadores, e a custo muito menor.[13]

No entanto, toda essa tecnologia já está presente na sociedade, principalmente no mundo dos negócios. Manter distância significa excluir-se socialmente.

Muitos atribuem à tecnologia o aumento do número de desempregados, principalmente no setor industrial, em que os trabalhos repetitivos, perigosos e que exigem um certo grau de precisão estão sendo substituídos por máquinas – na maioria, robôs. O que muitos não enxergam é que essa "informatização" não leva apenas ao desemprego – ao contrário, novas tarefas e funções, consequentemente novos empregos, estão surgindo em decorrência da introdução de máquinas, relacionados à sua manutenção e operacionalização, além do treinamento do pessoal para operação dessas máquinas, entre outros.

É certo que o número de pessoas empregadas foi reduzido. Com isso, muitos dos empregados foram forçados a migrar para outras atividades, como a montagem do próprio negócio e, principalmente, para a economia informal.

Note que a probabilidade de ficar desempregado é maior para as pessoas despreparadas, sem qualificação. Mais uma vez, isso fortalece a tese de que excluir as novas tecnologias do processo de ensino-aprendizagem significa excluir os cidadãos do ponto de vista socioeconômico.

Também não se pode dizer, entretanto, que basta introduzir um ou outro computador na escola, ou até mesmo montar um laboratório de informática e acrescentar à grade curricular a disciplina Informática – isso não vai resolver os problemas do ensino. A informática deve ser integrada à educação, ser utilizada como ferramenta para as demais disciplinas. Deve ser encarada como o meio, e não como o fim do processo de ensino-aprendizagem.

Temos que estar atentos ao real papel das escolas, que é o de ensinar os "porquês" e os mecanismos do mundo. Ferramentas vêm e vão.

---

13 Editorial. *O Globo*, 3 jul. 1996.

Ensinar o uso de ferramentas a nossas crianças limita seu campo de conhecimento e, portanto, seu futuro.

Assim, devemos adotar uma postura crítica diante dessa nova realidade que se apresenta. Devemos tentar conhecer profundamente os métodos pedagógicos a serem utilizados nas escolas e as formas de utilização da ferramenta "computador". Para adquirir a postura crítica necessária, precisamos conhecer. A parte 2 deste livro traz um apanhado geral do que existe em termos de recursos tecnológicos, fundamentalmente ligados aos computadores, aplicáveis à educação. Não esperamos esgotar o assunto, apenas fornecer subsídios para um correto entendimento.

PARA SABER MAIS

Repetência

"As taxas de repetência evidenciam a baixa qualidade do ensino e a incapacidade dos sistemas educacionais e das escolas de garantir a permanência do aluno, penalizando, principalmente, os alunos de níveis de renda mais baixos. O "represamento" do sistema causado pelo número excessivo de reprovação nas séries iniciais contribui de forma significativa para o aumento dos gastos públicos, ainda acrescidos pela subutilização de recursos humanos e materiais nas séries finais, devido ao número reduzido de alunos.

Uma das consequências mais nefastas das elevadas taxas manifesta-se nitidamente nas acentuadas taxas de distorção série/idade, em todas as séries do Ensino Fundamental. Apesar da ligeira queda observada em todas as séries, a situação ainda é dramática. Para reverter essa situação, alguns estados e municípios começaram a implementar programas de aceleração do fluxo escolar, com o objetivo de promover, em médio prazo, a melhoria dos indicadores de rendimento escolar. São iniciativas extremamente importantes... A repetência, portanto, parece não acrescentar nada ao processo de ensino-aprendizagem."[14]

Tecnologia

"A palavra **tecnologia** vem do grego *tecno* + *logo*, em que *techne* = arte, ofício + *logos* = estudo de, o que significa 'aplicação de conhecimentos científicos na solução de problemas práticos'.

Segundo Imídeo G. Nérici, 'quando tomamos o homem em um contexto histórico, percebemos que ele foi substituindo, aos poucos, sua atuação empírica por uma baseada em causa e efeito, auxiliada por instrumentos que tornassem sua ação mais produtiva, econômica e eficiente'.[15]

Dessa forma, podemos dizer que o homem passou a atuar mais tecnologicamente e, sempre que possível, auxiliado por máquinas.

O mesmo conceito aplica-se à educação. Entretanto, para muitos dos professores, a qualquer menção da palavra *tecnologia* na educação, imediatamente aparecem em suas mentes alguns dispositivos e um conjunto de equipamentos, particularmente, computadores.

Tecnologia é comumente assimilada a produtos, instrumentos, máquinas e dispositivos. Muitos (educadores) definem *tecnologia* como o próprio computador.

O papel histórico da tecnologia está mais relacionado ao processo do que aos produtos. Segundo Paul Saettler, 'não importa quão sofisticadas as mídias de instrução possam se tornar, uma distinção precisa entre o processo de desenvolvimento de uma tecnologia educacional e

---

14 SECRETARIA DE EDUCAÇÃO FUNDAMENTAL. *Parâmetros Curriculares Nacionais*. Brasília: MEC/SEF, 1997. p. 25-27.

15 NÉRICI, I. G. *Educação e tecnologia*. Rio de Janeiro: Fundo de Cultura, 1973.

o uso de certos produtos ou mídias com uma particular tecnologia educacional deve sempre ser feita'.

Tecnologia não é um conjunto de máquinas e dispositivos ligados entre si, mas sim um meio, uma maneira de agir."[16]

---

16 PIVA JR., Dilermando; FERNANDES, Giselle Catro. *Uma reflexão de educador para educador*. Campinas: People,1998.

ATIVIDADES PROPOSTAS

1. As ações de alguns estados e municípios para melhorar os "índices" do sistema educacional são válidos? Relacione e discuta em grupo os pontos positivos e negativos dessas ações.

2. Giz e lousa podem ser considerados "tecnologias"? Por quê? E os *smartphones*, também podem ser considerados "tecnologias educacionais"? Por quê?

3. Apresente propostas para melhorar os índices da educação nacional nos três níveis: Ensino fundamental, médio e superior. Exponha a inter-relação entre eles.

BIBLIOGRAFIA SUGERIDA

CONFERÊNCIA NACIONAL DOS BISPOS DO BRASIL. *Fraternidade e educação* – a serviço da vida e da esperança: texto-base. São Paulo: Salesiana Dom Bosco, 1998.

SECRETARIA DE EDUCAÇÃO FUNDAMENTAL. *Parâmetros Curriculares Nacionais*: introdução. Brasília: NEC/SEF, 1997.

GATES, Bill. *A estrada do futuro*. São Paulo: Companhia das Letras, 1995.

GUERRA, Mônica G. G. *Formação de professores e coordenadores*: o conselho de classe na perspectiva crítica. São Paulo: Special Book Services, 2008.

MARCHESI, Álvaro; MARTIN, Elena. *Qualidade do ensino em tempos de mudança*. Porto Alegre: Artmed, 2003.

PIVA JR., Dilermando; FERNANDES, Giselle Castro. *Uma reflexão de educador para educador*. Campinas: People, 1998.

PIVA JR., Dilermando et al. *EAD na prática*: planejamento, métodos e ambientes de educação on-line. Rio de Janeiro: Elsevier, 2011.

PREEDY, Margaret e col. *Gestão em educação*: estratégia, qualidade e recursos. Porto Alegre: Artmed, 2006.

PARTE II

Compreender para mudar

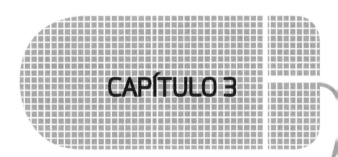

▶ Recursos tecnológicos

É complexa a tarefa de descrever os recursos tecnológicos computacionais disponíveis para aplicação educacional, por causa da incrível velocidade de desenvolvimento de novos produtos nessa área – o que hoje é uma excelente ferramenta amanhã poderá estar completamente obsoleta.

Assim, não vamos nos ater aos produtos, mas sim a sua organização e forma de utilização. Por falar nisso, essa é uma das regras da boa integração da tecnologia: preocupar-se mais com a aplicação efetiva dos recursos tecnológicos do que propriamente com estes recursos. Para isso, não precisamos deixar os aspectos técnicos de lado, apenas em segundo plano. Lembre-se: os computadores e os demais recursos (*tablets*, celulares, *softwares*, objetos de aprendizagem etc.) são ferramentas, meios para atingir o principal objetivo da educação, que é preparar nossos jovens para a vida, para o hoje e o amanhã.

Para descrever as diversas organizações e formas de utilização, vamos utilizar dois momentos: o presente (hoje) e o futuro (em muitos casos, o futuro pode ser vislumbrado como o hoje, principalmente em algumas salas de aulas de centros experimentais de outros países).

3.1 Hoje

Os diversos tipos de **arranjos tecnológicos ou espaços de aprendizagem** detalhados a seguir seguem uma linha bastante centrada em computadores e *tablets* distribuídos em espaços ou salas ambientes; assim, o objetivo deste livro não é o tratamento de outras tecnologias utilizadas, como TV, rádio, vídeo etc.

> **Arranjos tecnológicos** referem-se às diversas disposições físicas dos equipamentos computacionais em um ambiente educacional.

> **Espaços de aprendizagem,** do inglês *learning spaces*, referem-se a espaços físicos ou virtuais que causam impacto no processo de ensino-aprendizagem. O foco é concentrar algum potencial que facilite o processo: congregar pessoas, simular ambientes ou situações, experimentar etc.

A ordem na qual apresentamos os recursos a seguir obedece a uma forma decrescente de utilização nos currículos das escolas. Note que o primeiro arranjo tecnológico apresentado, embora seja o mais utilizado, pode não ser o melhor, nem o ideal.

Cada caso é um caso. Cada instituição de ensino deve verificar a forma mais adequada de planejamento da tecnologia e sua adoção ou inclusão em seu currículo (que será brevemente apresentada na Parte 3).

Os arranjos ou espaços de aprendizagem foram divididos em três categorias: laboratórios de informática, computador(es) dentro das salas de aula e notebooks ou *tablets*.

3.1.1 Laboratórios de informática

Esse tipo de espaço de aprendizagem é obtido pela concentração de um certo número de computadores em um recinto (sala) e utilizado pelos alunos, regular ou esporadicamente, para o desenvolvimento ou o aprofundamento de uma ou várias disciplinas. Note que, na utilização desse espaço, existe o deslocamento dos alunos para outro ambiente; eles têm que deixar a sala de aula. Existem muitos arranjos e tipos de laboratório de informática. Essencialmente, podemos encontrar três tipos básicos: laboratórios genéricos "fechados", laboratório de aplicação específica e laboratórios genéricos "abertos".

■ Laboratórios genéricos "fechados"

Os laboratórios tidos como "fechados" são aqueles para os quais todos os alunos de determinada classe são deslocados a fim de desenvolver **conteúdos** específicos de uma ou mais disciplinas, dentro de um horário pré-estabelecido. Assim, esses laboratórios são alocados por turma – quando em atividade com uma turma, ficam fechados para as demais.

> **Conteúdo** é o conjunto de conhecimentos, habilidades, valores e atitudes que são selecionados, organizados e apresentados ao aluno por meio de experiências de aprendizagem.

Apenas uma turma pode utilizar o laboratório por vez. Essa limitação de acesso é compensada com a disponibilização de uma grande variedade de *softwares* nos equipamentos, que possibilitam diferentes atividades com a mesma turma e com outras turmas, independentemente do nível em que se encontram, e exigindo do professor essa diferenciação de abordagem.

Nesse espaço de aprendizagem, os computadores devem estar conectados a uma rede e, consequentemente, à internet.

A ligação dos computadores em rede permite o compartilhamento de dados e outros recursos entre os alunos de forma bem mais simples. A ligação em rede também possibilita a economia de recursos (por exemplo, uma única impressora pode ser compartilhada com dezenas de alunos). A ligação à internet possibilita o acesso a um mundo de outros recursos, os quais detalharemos no Capítulo 5.

Existem muitas formas de utilização de laboratórios de informática e métodos de ensino; entre eles, podemos destacar dois: o instrutivo e o construtivo. No método instrutivo, os alunos são instruídos, direcionados e remetidos à prática de determinado conjunto de instruções ou sequências de ações para atingir determinado objetivo, geralmente utilizando uma única ferramenta (*software*). É exemplo de método instrutivo o ensino de um editor de texto, de uma planilha eletrônica ou de outro *software* aplicativo ou utilitário. Note que o método instrutivo está mais ligado ao produto do que propriamente a suas aplicações. Essa forma de ensino e de utilização está sendo cada vez mais deixada de lado. O envolvimento dos alunos em questões práticas do dia a dia traz muito mais benefícios do que o ensino da técnica pela técnica.

O método *construtivo* é aquele em que, utilizando ferramentas computacionais (podem ser utilizadas diversas ferramentas ao mesmo tempo), se desperta nos alunos o desejo pelo conhecimento e a consequente compreensão de conceitos. Um exemplo simples desse método é fazer uma aula de redação utilizando o computador. O objetivo não é a fixação das diversas funcionalidades de uma ou outra ferramenta, mas sim o desenvolvimento de habilidades literárias nos alunos.

Muitas vezes, principalmente no início, para a apreensão das técnicas e utilização de determinada ferramenta ou *software*, os dois métodos devem caminhar juntos, a fim de promover a efetiva consolidação do aprendizado.

Figura 3.1 Vista parcial de um laboratório de computadores na Fatec Indaiatuba (unidade do Centro Paula Souza)

- **Laboratórios de aplicação específica**

Funcionam de forma semelhante aos laboratórios genéricos "fechados", diferenciando-se apenas pelas propostas e pelos conteúdos desenvolvidos em seu interior.

São exemplos de laboratórios de "aplicação específica" aqueles que propõem atividades específicas, como laboratórios de **robótica**, laboratórios de *hardware*, laboratórios de criação (*design*) auxiliada por computador (Computer Aidded Design – CAD), laboratórios de linguagens de programação, laboratórios de produção em multimídia, laboratórios de *web design*, entre muitos outros.

> **Robótica** é uma das áreas da Ciência ou Engenharia da Computação que trata do desenvolvimento, montagem e aplicação de máquinas e robôs em substituição ao homem em tarefas perigosas e repetitivas, principalmente na área industrial.

Note que esse tipo de arranjo e organização de computadores restringe-se a certas aplicações, limitando também o público-alvo. Suas configurações são muito específicas. Muitas vezes, temos a utilização de um laboratório para determinada turma ou série. Com isso, os recursos ficam isolados.

■ **Laboratórios genéricos "abertos"**

Destinam-se ao aprofundamento de conteúdos e/ou auxílio na produtividade dos alunos no que tange ao desenvolvimento de trabalhos, pesquisas, estudos etc.

Esses laboratórios são abertos para quaisquer alunos, independentemente do nível em que se encontram. Geralmente, os equipamentos são alocados para trabalhos individuais ou pequenos grupos em horários fixos, ou seja, os alunos devem reservar o equipamento antecipadamente.

Em geral, nesses laboratórios são disponibilizados todos os *softwares* utilizados em todos os níveis, e seu uso é de total responsabilidade dos alunos.

Algumas características marcantes nesses laboratórios são o amplo acesso às redes de informação, principalmente à internet. Além disso, os recursos de impressão são de maior qualidade, pois costumam ser utilizados para a produção de trabalhos e pesquisas escolares.

Em todos os tipos de laboratório existe a necessidade permanente de um corpo de técnicos para auxiliar os professores e alunos na resolução de problemas pontuais no decorrer de sua utilização. Quando os computadores estão ligados em rede, dependendo do tamanho das instalações e do número de equipamentos disponíveis, é necessário haver alguém responsável pelo gerenciamento da rede; geralmente essa pessoa é chamada de *administrador de rede*.

Esses espaços de aprendizagem (laboratórios) são os mais utilizados pelas instituições de ensino em geral. Isso se deve basicamente à economia financeira proporcionada por eles, como a otimização de recursos (várias turmas e cursos utilizam os mesmos recursos) e a maximização de sua utilização (uma mesma impressora é compartilhada por dezenas de computadores). Além disso, outro benefício é a facilidade de controle e manutenção dos recursos, devido a sua concentração em um único lugar.

3.1.2 Computador(es) dentro da sala de aula

O computador tem se transformado na ferramenta utilizada na maioria das tarefas, principalmente naquelas relacionadas à comunicação e ao conhecimento. Com isso, está cada vez mais presente em nossas vidas. Dessa forma, levar o computador para dentro da sala de aula faz parte de uma **estratégia** de aproximação e desmistificação tecnológica. O barateamento dos projetores multimídia (também conhecidos como *data-show*) e dos próprios computadores tem permitido a utilização de recursos para tornar as aulas cada vez menos monótonas.

> **Estratégia** é a arte de dirigir coisas complexas. Relaciona-se com "a maneira" como atuamos em determinada situação de tomada de ação ou de decisão.

Além de facilitar a visualização de alguns fenômenos, animações, simulações entre outros, o computador também pode ser utilizado como ferramenta de interação, principalmente se estiver disponível para o uso dos alunos. Alguns possíveis arranjos são descritos a seguir.

■ Um ou dois computadores em sala de aula

Trata-se da introdução de uma ou duas máquinas na sala de aula, com todos os periféricos e *softwares* pertinentes àquela turma. Note que esse tipo de introdução tecnológica deve ser muito bem planejado para não comprometer o interesse e a participação dos alunos.

Nesse caso, o ponto fundamental é o planejamento da política de acesso dos alunos aos recursos. Existem várias maneiras de organizar o acesso; as mais comuns são as aulas expositivas, trabalhos em grupo ou computador(es) simulando estações de trabalho.

O papel do computador é claro em todos os métodos expostos: trata-se de uma ferramenta facilitadora do processo de ensino-aprendizagem. No primeiro método (aulas expositivas), o professor utiliza a ferramenta computacional para exposição e aprofundamento de conteúdos com os alunos. Um exemplo disso é a simulação de determinadas situações reais (os *softwares* simuladores serão descritos no Capítulo 4) para fixação de conteúdos teóricos, mostrando a parte prática pela tela do computador. Geralmente, nesse caso, é fundamental a presença de um projetor multimídia para facilitar a visualização pelo grupo. Atualmente, telas de LCD com 40 polegadas ou mais também são utilizadas.

No segundo método (trabalhos em grupo), os alunos podem utilizar os recursos computacionais de duas formas: 1) para desenvolvimento dos trabalhos ou 2) para apresentação desses trabalhos. Tanto num quanto noutro, podem-se utilizar recursos que possibilitem melhor visualização por parte da sala, como um projetor multimídia ou um monitor grande. Note que, se for bastante utilizado, por ser um recurso escasso (um ou dois por sala de aula), o recurso deve sofrer algum tipo de controle de utilização para que não seja monopolizado por um ou outro grupo. Os grupos podem dividir o tempo na utilização do recurso.

No último método (trabalho com estações), o professor pode dividir a turma em diversos grupos. Cada grupo trabalhará em uma estação por vez, por determinado período. Ao final do período estipulado, os grupos trocam de estação seguindo alguma ordem pré-estabelecida; nesse caso, um ou mais computadores comporão uma ou duas dessas estações. As outras estações podem ser livros da biblioteca sobre o tema proposto, jornais e revistas, vídeo sobre assuntos correlatos etc. Note que essa atividade deve ser bem objetiva e deixar claras as metas a serem atingidas para que o aluno não se perca e também para que o gerenciamento pelo professor possa ser mais efetivo.

Embora não tenha sido citado explicitamente nos arranjos detalhados, a conexão com a internet é fundamental. É por meio dessa conexão que as paredes da sala de aula são postas abaixo e que os processos de busca, pesquisa e interação são viabilizados e colocados em prática.

Note que, em todos os métodos citados, o professor é o ponto de apoio fundamental, tanto técnico quanto pedagógico. Assim, a familiaridade que supõe o domínio de diversas habilidades com computadores e toda essa tecnologia deve estar bem desenvolvida no professor, pois ele não terá o auxílio imediato de um técnico, como no laboratório.

- **Vários computadores por sala de aula, geralmente um para cada dois alunos**

Esse arranjo deve ser muito bem planejado, pois tratá-lo de forma simplista pode resultar apenas na substituição do caderno e do lápis pelo computador.

A funcionalidade e a variedade de recursos presentes nos laboratórios agregam-se à facilidade de acesso aos recursos tecnológicos. Já não existe mais uma limitação ou um tempo determinado para a utilização dos computadores.

Aqui, mais do que em qualquer outro arranjo tecnológico, o professor deve possuir habilidades técnicas para o manejo de computadores, principalmente na fase inicial: a da descoberta das possibilidades tecnológicas pelo aluno. Além disso, o professor deve estar aberto a mudanças, principalmente com relação ao método de ensino, pois a forma tradicional simplesmente não funciona em um arranjo desse tipo.

Outro aspecto dramático desse processo é a mudança de postura dos professores, que devem passar de simples transmissores de conhecimento a facilitadores do aprendizado. Esse e outros aspectos são discutidos na Parte 3.

> **Notebooks** são computadores pessoais portáteis.
>
> **Tablets** são computadores portáteis com telas sensíveis ao toque dos dedos. A maioria deles possui periféricos que permitem a conexão com redes sem fio.

■ *Notebooks* ou *tablets*

Trata-se da disponibilização de equipamentos móveis para alunos e professores a fim de substituir os laboratórios de informática. Com a disponibilização de redes *wireless* (sem fio) pelos diversos espaços escolares (salas de aula, laboratórios específicos, locais de convívio etc.), ocorre o rompimento da clausura da tecnologia, e ela começa a estar toda hora em todos os lugares. Iniciativas multidisciplinares começam a tornar-se possíveis pela simples disponibilização de recursos antes não factíveis, seja pelo preço, seja por qualquer outro fator.

Existem muitas variações desse arranjo, e o projeto pedagógico deve ser construído levando em consideração a utilização de tais tecnologias. É uma grande mudança de foco, principalmente do ponto de vista multidisciplinar. A inter-relação das disciplinas cresce, e a responsabilidade de cada professor aumenta exponencialmente. Em contrapartida, o envolvimento dos alunos e a aprendizagem aumentam na mesma proporção, ou em proporção superior.

Reuniões periódicas de planejamento de trabalhos interdisciplinares são imprescindíveis. O envolvimento do corpo docente é a chave do sucesso da utilização desses recursos. Sem esse comprometimento e esse planejamento, a utilização de tais tecnologias não passará de uma "brincadeira legal".

É prudente ressaltar que os arranjos descritos não totalizam as possibilidades existentes e que a utilização de determinado arranjo não anula a de outro; eles podem coexistir, por exemplo. Além disso, esses arranjos tecnológicos ou espaços de aprendizagem, assim como os computadores e demais recursos tecnológicos, formam um dos quatro pilares para uma efetiva integração da tecnologia na educação. Os outros elementos são os professores, os recursos didáticos (*softwares*, objetos de aprendizagem etc.) e os alunos. No decorrer do livro, trataremos de cada um desses elementos e das relações entre eles.

3.2 O Futuro

Se falar do hoje já é difícil, imagine do futuro – não só pela velocidade que a tecnologia evolui, mas também por ser impossível prever o futuro com exatidão.

Para se ter uma ideia dessa dificuldade, voltemos alguns anos: em 1992, falava-se muito pouco da tecnologia da forma como a conhecemos hoje. Telefones celulares, *tablets*, *notebooks*, multimídia, DVD, *blue-ray*, TV digital, internet de banda larga e redes de relacionamento simplesmente inexistiam, ou estavam nos laboratórios de pesquisa ou nas mãos e cabeças de poucas pessoas.

Levando em conta que um período de 20 anos é relativamente curto e que a velocidade de criação de produtos e tecnologias está ficando cada vez maior, podemos concluir que as novas tecnologias que a sociedade estará utilizando daqui a 10 ou 15 anos ainda estão por ser inventadas ou em teste nos principais centros de pesquisa. Dessa forma, o máximo que podemos fazer é, com base nas tecnologias atuais e verificando as tendências sociais, econômicas e tecnológicas, fomentar em alto nível nossas perspectivas e esperanças de mudança.

Em nossa opinião, a tecnologia auxiliará o sistema educacional – principalmente os professores – na produção de materiais educacionais, possibilitando a criação de produtos *taylor made* ("feitos sob medida"), respeitando as diferenças e tempos de aprendizagem dos alunos. Os ambientes de aprendizagem virtuais se tornarão cada vez mais populares e serão utilizados pelos profissionais para unir conteúdos dispersos e direcionar a aprendizagem.

Num futuro próximo, os padrões educacionais continuarão basicamente os mesmos: os alunos ainda utilizarão salas de aulas (virtuais ou físicas) e também continuarão realizando atividades extraclasse. Tudo indica que a mudança mais significativa esteja no que realmente farão em cada um desses ambientes. O que está acontecendo é uma inversão de tarefas. Essa nova forma de ensinar e aprender está sendo chamada de "*FlippedClassroom*" (literalmente, "inversão [na dinâmica] da sala de aula"). Explicando em rápidas palavras, o que era feito na sala de aula (assistir a explicação do professor daquele conteúdo específico, a matéria propriamente dita), passa a ser feito em casa(com vídeos, *ebooks*, simuladores etc.) e o que era feito em casa (exercícios, trabalhos em grupo, projetos etc.), passa a ser feito na sala de aula (sob orientação e atenção do professor).

Dentre todas essas perspectivas, a única coisa certa é que os instrumentos mudarão. A lousa física, por exemplo, já está sendo substituída por lousas eletrônicas; contudo, serão adotadas telas enormes com 100 ou 200 polegadas, sensíveis ao toque, que possibilitarão a interação com salas em outras partes do mundo, além de viabilizar novas possibilidades de interação (principalmente com *tablets* e *smartphones*). Tem havido uma gradativa substituição da língua escrita manualmente pela língua impressa (produzida principalmente pelo computador) ou pela língua "multimidiática", que reúne texto, áudio e vídeo. As pessoas serão cada vez menos consumidoras e mais produtoras de conteúdo.

A interação e a produção formarão a nova ordem social dos ambientes escolares. Certamente, os livros impressos não desaparecerão; entretanto, deixarão a forma estática e passarão a ser dinâmicos, envolvendo múltiplas mídias e podendo ser lidos por quaisquer equipamentos portáteis, como computadores, *notebooks*, *tablets* ou *smartphones*.

Mais e mais paradigmas serão quebrados. A sociedade se tornará cada vez mais dinâmica, mutante e veloz. Em contrapartida, o ser humano será cada vez mais o centro das atenções. O fator humano tomará a primeira posição no planejamento de empresas e setores de atividades. Cada vez mais, a capacidade de relacionamento, a criatividade e o espírito empreendedor das pessoas serão valorizados.

PARA SABER MAIS

Software

"É um conjunto de elementos lógicos necessários à realização das tarefas. O *software* é a parte lógica que dota o equipamento físico de capacidade para realizar todo tipo de trabalho.

O *software* origina-se de ideias do elemento humano registradas sobre determinado suporte do elemento *hardware*, sob cuja direção o computador sempre trabalha.

Atualmente, num sistema informático, o *software* tem peso específico maior que o *hardware* por ir adquirindo, dia a dia, maior importância em todos os aspectos (custo, manutenção etc.). Basicamente, o *software* é composto ou corresponde a uma miscigenação de ideias, ordens, dados e informações."[1]

Habilidades técnicas

"Na época atual, a técnica é uma das dimensões fundamentais onde está em jogo a transformação do mundo humano por ele mesmo. A incidência cada vez mais pregnante das realidades tecnoeconômicas sobre todos os aspectos da vida social e também os deslocamentos menos visíveis que ocorrem na esfera intelectual obrigam-nos a reconhecer a técnica como um dos mais importantes temas filosóficos e políticos de nosso tempo. Ora, somos forçados a constatar o distanciamento alucinante entre a natureza dos problemas colocados à coletividade humana pela situação mundial da evolução técnica e o estado do debate 'coletivo' sobre o assunto, ou antes do debate mediático."[2]

---

1 ALCALDE, E. et al. *Informática básica*. São Paulo: Makron Books, 1991. p. 5-6.
2 LÉVY, Pierre. *As tecnologias da inteligência*: o futuro do pensamento na era da informática. São Paulo: Editora 34, 1993. p. 7.

ATIVIDADES PROPOSTAS

1. Existe uma grande movimentação nas indústrias de alta tecnologia em prover seus produtos para as instituições de ensino, com a finalidade de formar uma mão de obra técnica para o futuro e, ao mesmo tempo, uma grande massa de usuários de seus equipamentos. Discuta em grupo as implicações socioeconômicas que tais medidas teriam para o sistema educacional e para sociedade como um todo.

2. Por que a introdução de computadores é fundamental para o sucesso do sistema educacional?

3. Elabore três tipos de atividade, cada qual utilizando um espaço de aprendizagem.

4. Elabore uma quarta atividade utilizando uma combinação de espaços de aprendizagem.

BIBLIOGRAFIA SUGERIDA

ALCALDE, E. et al. *Informática básica*. São Paulo: Makron Books, 1991.

BORDENAVE, Juan Díaz; PEREIRA, Adair Martins. *Estratégias de ensino-aprendizagem*. 16. ed. Petrópolis: Vozes, 1995.

CARVALHO NETO, Cassiano Zeferino de. *E agora, professor?* São Paulo: Laborciência, 1997.

LÉVY, Pierre. *As tecnologias da inteligência*: o futuro do pensamento na era da informática. São Paulo: Editora 34, 1993.

OLIVEIRA, Ramon de. *Informática educativa*: dos planos e discursos à sala de aula. Campinas: Papirus, 1997.

ROBLYER, M. D. et al. *Integrating educational techology into teaching*. New Jersey: Prentice-Hall, 1997.

CAPÍTULO 4

▶ *Softwares* educacionais

4.1 Introdução

O computador está sendo cada vez mais utilizado no auxílio de infindáveis atividades humanas. Dessa forma, podemos dizer que seu grande potencial baseia-se na flexibilidade das suas diversas aplicações. Entretanto, quando falamos em "computador", nos referimos não só à parte física e suas variações, mas também a todo um conjunto de elementos, principalmente *softwares* (programas de computadores), periféricos e suporte técnico.

Devido a essa flexibilidade, o computador e todos os seus elementos componentes começaram a ser reconhecidos por seu potencial de realizar tarefas de forma rápida e sistemática.

Se pode ser utilizado para fazer quase tudo, por que não programá-lo para ensinar?

A programação de um computador dá-se pela utilização de um *software* para a criação de outros *softwares*. Esses *metassoftwares* são comumente chamados de *linguagens de programação*, ou quaisquer outras ferramentas que se proponham a criar um conjunto de instruções programáveis. Com o advento da multimídia, surgiram os *softwares* de criação **multimídia**, que também podem ser considerados *metassoftwares*.

> **Multimídia**, em computação, corresponde à forma de apresentação das informações utilizando diversas mídias, como textos, gráficos (animados ou estáticos), animações, áudio e vídeos.

Um computador sem um *software* adequado pode ser visto como um grande peso de papéis em cima de uma mesa ou um bonito ornamento para a sala de estar – se bem que essa beleza pode ser questionável! Dessa forma, analogicamente falando, costuma-se dizer que o *software* – que nada mais é do que um conjunto de instruções pré-programadas – é a alma do computador.

No início, a programação de computadores era considerada uma atividade educacional e, como tal, tinha por objetivo ensinar aos alunos as diversas técnicas. Assim, as linguagens de programação e a criação de um conjunto de instrução a serem executadas pela máquina eram, respectivamente, as ferramentas educacionais e os objetivos educacionais da época, principalmente nas décadas de 1970 e 1980.

Os equipamentos foram melhorados, a sociedade evoluiu e os *softwares* destinados à educação começaram a ser mais bem programados, principalmente em razão do objetivo da utilização de cada *software* educacional. Começaram a ser feitas programações próprias para a área educacional e suas subáreas específicas. O computador – e consequentemente os *softwares* – passaram a ser vistos como "máquinas de ensinar".

Nesse ponto, a designação de *software* educacional era utilizada para todos os *softwares* programados para ensinar, por meio de determinada forma e determinado conteúdo.

A utilização dos computadores na área educacional aumentou, e está crescendo a cada dia. O incremento do uso de computadores na área educacional é, portanto, uma consequência de sua utilização em um número cada vez maior de atividades pela sociedade.

Como o sistema educacional é um reflexo social e a sociedade é reflexo do sistema educacional, a introdução de *softwares* no dia a dia das pessoas passou a ser necessária para dar continuidade a um processo de ensino-aprendizagem condizente com a qualidade requerida pela sociedade. Foram introduzidos pacotes utilitários, como editores de texto, planilhas eletrônicas, entre outros. Além disso, algumas fontes de informação foram transpostas para os meios eletrônicos, pois, nesse novo ambiente, a busca de informações dá-se de forma bem mais simples e mais rápida.

Assim, enciclopédias, atlas, livros, artigos, tutoriais etc. começaram a ser utilizados pelas pessoas e, consequentemente, pelo sistema educacional. A partir disso, a designação de *software* educacional passou a ser dada a todo e qualquer programa de computador que, de uma forma ou de outra, auxilie o processo de ensino-aprendizagem.

Muitos dos *softwares* educacionais deixaram de ser reeditados ou migraram para uma versão similar ou melhorada na internet. Hoje, é muito difícil encontrarmos *softwares* educacionais para venda em lojas físicas ou virtuais – o que ainda era muito comum no início deste século. A criação de objetos de aprendizagem, *sites* e aplicativos para *smartphones* e *tablets* mudou essa dinâmica. No Capítulo 5, trataremos especificamente da utilização da internet no processo educacional. Entretanto, em virtude dessa mudança no paradigma de utilização dos *softwares* educacionais, quando falarmos de *softwares* específicos, também indicaremos aplicativos para *tablets* e *smartphones*, disponíveis na maioria das lojas virtuais existentes atualmente, tanto para o sistema Android quanto para o sistema iOS, da Apple.

4.2 O computador como "meio" ou "fim" do processo?

Em educação, existem basicamente duas vertentes na utilização dos computadores e, consequentemente, dos *softwares* educacionais:

- aquela em que ocorre o ensino de informática como disciplina, ou seja, destinada à formação de profissionais da área de informática; e
- aquela em que a informática é utilizada como ferramenta no processo de ensino-aprendizagem, em qualquer área ou nível.

No primeiro caso, temos a utilização do computador e toda a tecnologia que o rodeia, como fim do processo. O objetivo principal é prover o aluno de conhecimentos técnicos para a correta utilização dos recursos computacionais, como programação, instalação, operacionalização e gerenciamento de **sistemas de informação**.

> **Sistema de informação** é a combinação estruturada de informação, pessoas, tecnologias de informação e práticas de trabalho, organizados de forma a permitir o melhor atendimento de objetivos pré--estabelecidos.

No segundo caso, a utilização da tecnologia é realizada de forma "coadjuvante". Ela auxilia o processo de ensino-aprendizagem, provendo melhores ferramentas informacionais, além de trazer muitos benefícios e agilidade ao processo como um todo.

Dessa forma, discutir a respeito de *softwares* educacionais nos leva ao questionamento e à divisão do mundo educacional, quando da aplicação da tecnologia, em dois diferentes hemisférios:

- aquele em que o computador é "ensinado" ao aluno;
- aquele em que o computador é visto como uma "máquina de ensinar".

No primeiro caso, o computador, e a tecnologia são colocados como "fim" do processo de ensino-aprendizagem; no segundo, como "meio" do processo. A seguir, falaremos detalhadamente de cada um desses hemisférios.

4.2.1 O computador como "fim" do processo

Os *softwares* educacionais utilizados para esse hemisfério são o que chamamos de *metassoftwares*, ou seja, *softwares* que constroem *softwares*. Entretanto, mesmo sendo criados para a realização de atividades afins, eles podem e são utilizados no processo de ensino-aprendizagem para o desenvolvimento de habilidades na formação do aprendiz, inerentes ao processo de construção de soluções. Podemos dividir esses *softwares* em dois tipos básicos: linguagens de programação e ferramentas de criação multimídia.

4.2.1.1 Linguagens de programação

São *softwares* utilizados, geralmente, no ensino de computação, ou *computer literacy*, em que o computador e todos os recursos a ele agregados são os objetos de estudo. O aprendiz utiliza o computador e esses *softwares* para adquirir conceitos computacionais, principalmente as técnicas de programação desses equipamentos.

Essa programação é feita seguindo determinada linguagem de programação. Existem muitas linguagens, cada qual com sua particularidade de programação e aplicação. Dizemos que essas linguagens são agrupadas por **paradigmas de programação**, ou seja, a maneira como o programador elabora a resolução de determinado problema computacional utilizando uma dada linguagem.

> **Paradigmas de programação** são as diversas correntes de pensamento quanto à forma de programação de um computador (forma de tratamento e resolução de determinado problema computacional). Paradigma estruturado e paradigma orientado a objetos são dois exemplos de paradigmas de programação.

Dessa forma, programar em qualquer uma das linguagens ou paradigmas significa representar, utilizando diferentes modelos, uma possível solução para determinado problema no computador. Portanto, as linguagens são utilizadas como forma de comunicação das pessoas com as máquinas e sequenciamento das ações necessárias para a resolução de determinados problemas computacionais.

Entretanto, as linguagens de programação, mesmo tendo como objetivo-fim o computador ou seu estudo, não são utilizados única e exclusivamente nos cursos de formação tecnológica. Elas também são empregadas quando o trabalho com o computador é encarado como "meio" para a concretização do processo educacional.

Assim, a contribuição desse tipo de *software* educacional para o processo de ensino-aprendizagem ocorre basicamente de duas formas:

- no desenvolvimento de habilidades cognitivas de análise e compreensão dos problemas, além da habilidade para a construção lógica de possíveis maneiras de resolver tais problemas; e
- na interação e na recuperação instantâneas de resultados no processo de relacionamento entre os seres humanos e as máquinas. Uma vez concluída a expressão da possível resolução de um dado problema (programa), ela pode ser instantaneamente verificada

(execução do programa); esse resultado permite que o aprendiz compare suas ideias originais com o produto do programa, verificando, assim, todos os conceitos envolvidos no processo de ensino-aprendizagem.

Todas as linguagens de programação desenvolvem as habilidades citadas, umas mais do que as outras. A grande maioria delas possui comandos em língua inglesa, o que, dependendo do tipo e nível dos alunos, pode ser um entrave para a aprendizagem.

Dada a falta da dimensão pedagógica e outros problemas relacionados à utilização de linguagens de programação comerciais no ensino (Pascal, C, Java, entre outras), o professor Seymour Papert, do Massachusetts Institute of Technology (MIT), desenvolveu a linguagem Logo e toda uma metodologia de aplicação dessa linguagem no processo de ensino-aprendizagem.

A linguagem Logo já foi um dos *softwares* educacionais mais difundidos e utilizados. Um ponto forte da linguagem de Papert foi a introdução do conceito de *ensino por descoberta*, metodologia defendida pelo método construtivista. Ele chamou seu método de *construcionismo*, aludindo à ideia da construção do conhecimento.

Atualmente, sobressaem linguagens mais visuais, repletas de animações e efeitos sonoros, com a possibilidade de manipulação direta de objetos pelos alunos; mesmo assim, o processo de ensino de linguagens de programação ou lógica de programação está restrito a cursos técnicos ou cursos de graduação específicos nas áreas de Computação e Informática.

4.2.1.2 Ferramentas de criação hipermídia

Com o advento da multimídia, o surgimento de algumas novas tecnologias, como *tablets* e *smarthphones*, com alto poder de processamento, e o barateamento e a miniaturização de outras, como câmeras digitais, *notebooks*, aplicativos específicos para a manipulação de múltiplas mídias, o computador e toda essa parafernália entraram realmente na vida das pessoas – não por hoje serem mais bonitos ou mais sofisticados, mas por introduzirem variáveis antes menos ressaltadas, como facilidade de uso, flexibilidade, motivação para produção própria, autoria, compartilhamento, entre muitas outras.

Da mesma forma, as ferramentas de criação desses novos produtos (*softwares*) precisavam ser diferentes das atuais, seguindo essas premissas e facilidades de uso. Assim, surgiram as ferramentas de criação ou de autoria (em múltiplas mídias).

Essas ferramentas de criação multimídia, em *notebooks*, *desktops*, *tablets* ou *smartphones*, trabalham de forma genérica a criatividade, o raciocínio lógico-dedutivo, a abstração e as habilidades artísticas dos aprendizes; estes, por sua vez, são convidados por meio dessas ferramentas a montar materiais utilizando diversas mídias, como apresentações, vídeos, animações, histórias, *blogs* (ou *videoblogs*), canais (no Facebook ou YouTube) etc. Existe uma enormidade de ferramentas no mercado para esse tipo de criação. Elas vão desde ferramentas mais profissionais, como Flash, até ferramentas pessoais, como o Instagram.

Principalmente em *tablets* e *smartphones*, em suas lojas virtuais, o número de aplicativos para esse fim cresce a cada dia. Para saber o que há de novo, uma das possíveis fontes são os próprios alunos. Quando existe uma novidade, ela se propaga com muita velocidade, em especial nas principais redes de relacionamento.

Professor, fique atento! Entenda que se manter atualizado não significa utilizar no mesmo ritmo ou intensidade as ferramentas e aplicações utilizadas pelos alunos, mas sim utilizá-las ao ponto de entender seus conceitos e princípios norteadores e, então, discernir se podem ou não ser utilizadas no processo de ensino-aprendizagem.

4.2.2 O computador como "meio" do processo

Já os *softwares* educacionais utilizados para esse hemisfério são divididos basicamente em sete tipos: exercício e prática, tutoriais, jogos educacionais, de simulação, resolução de problemas, pacotes utilitários e ferramentas de referência.

a) *Softwares* de exercício e prática

Esse tipo de *software* propõe atividades (na maioria, exercícios diretos e repetitivos) em que cada aluno trabalha com um certo número de questões – geralmente uma por vez – e recebe as correções de forma instantânea. Costuma envolver memorização e repetição para tentar fixar conteúdos.

Segundo Ramon de Oliveira,[1] "é uma das formas mais difundidas nas escolas, no ensino de fatos, conceitos ou habilidades dentro do contexto curricular, sendo, na maioria dos casos, atividades caracterizadas pela execução de exercícios repetitivos e demonstrações".

Tais *softwares* já chegaram a ocupar mais de 40% do tempo destinado a atividades práticas dos alunos dentro das escolas. Atualmente, sua utilização diminuiu muito, mas sua importância, historicamente falando, ainda é grande.

Esses programas geralmente variam na forma de estabelecer a interação com os alunos. Essa interação vai desde a escolha de um SIM ou de um NÃO até uma explanação verbal ou uma interação com uma animação gráfica. Uma grande deficiência desses programas e característica marcante na maioria deles é a falta de abordagem ou discussão dos erros e acertos. Quando um aluno erra, ele simplesmente solicita a repetição. Quando acerta, ele automaticamente passa para o item seguinte.

Entretanto, os programas que estão sendo construídos atualmente são mais "inteligentes" e, dependendo do número de questões respondidas de maneira correta, elevam o nível das questões automaticamente. O contrário também é verdadeiro, ou seja, dado certo número de questões respondidas de maneira errada, eles reduzem a complexidade das questões. Essa passagem de um nível para o outro é completamente transparente para a pessoa que utiliza a aplicação. Todas as informações vão sendo guardadas em um banco de dados do aluno para posterior avaliação do professor ou do próprio aluno.

Um exemplo de *software* de exercício e prática pode ser encontrado no programa *Coelho Sabido e a Nuvem da Alegria – 2º Ano*.[2] Nesse programa, você deve descobrir a causa de uma misteriosa chuva de capas, chapéus, botas e guarda-chuvas; para livrar a nuvem, que continua carregada e pode vir a despejar uma tempestade de galochas bem em cima de suas cabeças, Coelho Sabido, o leão Léo e a criança precisam vencer algumas provas e desafios.

As atividades acontecem entre a Nuvem da Alegria e a Ilha Chove de Tudo, e envolvem questões de Matemática e Língua Portuguesa, que

---

1 OLIVEIRA, Ramon de. *Informática educativa*. Campinas: Papirus, 1997. p. 118.
2 *Coelho Sabido e a Nuvem da Alegria – 2º Ano*. São Paulo: Divertire/Melhoramentos, 1999.

reforçam o conteúdo curricular do 2º ano. Soletrar, adicionar, subtrair, ter noções de direção e de posição são algumas das habilidades incentivadas. A lógica também é explorada, pois, antes de conseguir completar determinada tarefa, a criança precisa fazer outras, desencadeando uma sequência que estimula e desenvolve o raciocínio lógico. Todas as atividades propostas no *Coelho Sabido e a Nuvem da Alegria* estão disponíveis em três níveis de dificuldade, que ajustam-se automaticamente, dependendo do desempenho da criança, como podem ser ajustados manualmente, pela escola ou pela família.

b) *Softwares* tutoriais

Esse tipo de *software* utiliza os recursos computacionais para a difusão de uma sequência completa de instruções, como aquela dada pelos professores em uma aula convencional. Também é chamada de *instrução digital* ou *instrução programada*.

Existem dois tipos básicos de tutorial: os *lineares* e os *ramificados*. Os lineares seguem sempre a mesma sequência de apresentação dos tópicos, previamente programada. Este tipo de *software* estabelece um nivelamento forçado de conhecimento. Já no tipo ramificado, o grau de compreensão e o conhecimento do aluno é que determinam a rota de apresentação dos tópicos pré-programados. Por meio das respostas dos alunos, o *software* se autorreconfigura, apresentando o caminho mais condizente com seu nível de entendimento identificado pelos diversos questionamentos.

É muito comum que bons programas tutoriais utilizem técnicas de inteligência artificial para analisar os caminhos seguidos pelos alunos ao longo do tutorial, para avaliar seu estilo e sua capacidade de aprendizagem e para oferecer alternativas sobre conceitos cujo aprendizado é mais difícil para o aluno.

A maioria dos tutoriais é provida de um grande número de recursos informativos com a finalidade de torná-los autossuficientes, evitando que o aluno tenha que sair à caça de complementos, como dicionários, enciclopédias etc.

Um exemplo pode ser o aplicativo de curso intensivo de História do Brasil.[3] Essa aplicação para *Iphone* e *Ipad* apresenta toda a História

---

3 Curso Intensivo de História do Brasil. Disponível em: <http://www.dominantesapps. com.br/historiabrasiliphone.html>. Acesso em: 22 abr. 2014.

do Brasil, desde a chegada dos portugueses, com mais de 100 tópicos, divididos em 11 partes. Pode ser um complemento interessante para o Ensino Médio e o Pré-Vestibular.

c) Jogos educacionais

Muitos educadores apoiam a forma de "educação indireta", ou seja, toda e qualquer atividade que desenvolva, de forma implícita, conceitos, princípios e teorias apreendidas nas aulas específicas das diversas disciplinas.

Nessa categoria de *softwares* educacionais, a adição das regras dos jogos gera certa motivação aos alunos no processo de ensino-aprendizagem. Assim, esse tipo de *software* deve ser utilizado de forma diferente dos *softwares* simuladores e exercício e prática, pois sua conotação educacional é marcadamente diferente.

Imaginem duas passagens de certo professor adentrando a sala de aula. Na primeira, ele diz explicitamente à classe o conteúdo da aula e começa a "passar" a lição na lousa (*transmissão de conhecimento explícita*). Na segunda, ele entra na sala e diz que naquele dia todos vão aprender, brincando ou jogando (*transmissão de conhecimento implícita*). Tente imaginar os semblantes dos alunos nas duas situações. Certamente, a segunda despertará maior interesse!

Valente,[4] porém, salienta muito bem um dos graves problemas que podem ocorrer na utilização de jogos educacionais:

> [...] a maioria dos jogos explora conceitos extremamente triviais e não tem a capacidade de diagnóstico das falhas do jogador. A maneira de contornar estes problemas é fazendo com que o aprendiz, após uma jogada que não deu certo, reflita sobre a causa do erro e tome consciência do erro conceitual envolvido na jogada errada. É desejável e, até possível, que alguém use os jogos dessa maneira. Na prática, o objetivo passa a ser unicamente vencer no jogo e o lado pedagógico fica em segundo plano.

---

4 VALENTE, José Armando. *Computadores e conhecimento:* repensando a educação. Campinas: Gráfica Central da UNICAMP, 1993. p. 7.

47

Da mesma forma, não podemos esquecer que as aulas não podem ser baseadas apenas nesse tipo de atividade. Os jogos educacionais devem ser usados com moderação, visando essencialmente atrair a atenção dos alunos para assuntos mais complexos.

Após uma análise dos produtos disponíveis no mercado e da literatura relacionada, podemos dizer que existem, de forma genérica, oito diferentes classes de jogos educacionais. Alessi e Trollip[5] destacam que muitos deles podem pertencer a mais de uma classe.

- **Jogos de aventura**: os jogadores defrontam-se com situações hostis e/ou de resolução de mistérios. Contextos matemáticos, físicos ou sociais geralmente são envolvidos para entendimento e possível resolução por parte dos aprendizes.

- ***Arcade games* (jogos populares)**: são jogos simples que simulam jogos populares, como Pacman ou Fliperama, e que no decorrer de sua execução "convidam" os aprendizes a responder a questões de Matemática, Física, Química e tantas outras disciplinas.

- **Jogos de cartas**: geralmente envolvem memorização, paciência e ganho de dinheiro ou prestígio.

- **Jogos de tabuleiro**: os jogadores fazem movimentos em peças dispostas em um tabuleiro computadorizado. No decorrer da partida, são submetidos a uma bateria de testes inter ou intradisciplinares.

- **Jogos de lógica**: baseiam-se em atividades de resolução de problemas lógicos.

- **Jogos psicomotores**: são versões computadorizadas de esportes reais, como basquete, tênis, vôlei, entre outros.

- **Jogos de palavras**: são todos aqueles jogos que focalizam seus objetivos no ensino das palavras, em sua composição e em suas diversas categorias.

- **Jogos de pergunta e resposta**: são versões computadorizadas dos programas de perguntas e respostas de TV. Nessa classe de jogos, o aprendiz é convidado a responder a um conjunto multidisciplinar de perguntas.

---

5 ALESSI, S.; TROLLIP, S. *Computer-based instruction*: methods and development. Englewood Cliffs: Prentice-Hall, 1991. p.173-182.

Capítulo 4 *Softwares educacionais*

Existem outras classes de jogos que têm uma finalidade pedagógica pequena ou questionável. É o caso dos *jogos de combate* (baseados em violência e confrontos com inimigos, o que pode gerar muitos efeitos negativos nos alunos).

O que deve ser observado é que, como qualquer outra ferramenta complementar, os jogos educacionais devem ser muito bem analisados pelo educador, no aspecto motivacional junto a seus alunos e também – e principalmente – no aspecto pedagógico no processo de ensino-aprendizagem.

Um exemplo de jogo educacional é o *software Os caça-pistas – 6º Ano.*[6] Nesse programa, enquanto os caça-pistas brincam inocentemente, de repente, num mundo subterrâneo, um gigantesco exército de plantas mutantes começa a se organizar para destruir a cidade, e Júlia e Santiago, dois amigos da turma, desaparecem. A missão do usuário de *Os caça-pistas* é, portanto, ajudar Carlos e Sofia a encontrar os dois desaparecidos. Para isso, mais do que ter espírito de aventura, o jogador precisará se sair bem em uma série de atividades que englobam conhecimentos de Matemática, Língua Portuguesa, Ciências, cultura geral e raciocínio lógico.

d) *Softwares* de simulação

A simulação pode ser descrita como o ato de manipular situações que imitam as reais ou aproximam-se delas, por meio de mecanismos que reproduzem essa realidade. Chamamos essa realidade criada por ferramentas – principalmente por computadores – de *realidade virtual* ou *ambientes virtuais.*

A característica básica das simulações é a possibilidade, por parte do aluno, de manipular determinadas variáveis, visualizando os resultados provenientes dessa intervenção de forma imediata e interativa.

Programas de simulação criam modelos computadorizados de sistemas reais ou imaginários com a finalidade de levar os alunos a aprender, por meio da prática e da manipulação, como enfrentar ou como se portar diante das mais variadas situações do sistema em questão.

---

6 *Os caça-pistas – 6º Ano.* Disponível em: <http://www.divertire.com.br/educacional/casa6.htm>. Acesso em: 22 abr. 2013.

A simulação é bastante utilizada em situações que envolvem certo risco, muita complexidade, o manuseio de materiais caros e/ou perigosos e experimentos que demoram muito tempo para ser concretizados.

Existem dois tipos de simulação: a *estática* e a *dinâmica*. Na estática, existe a pré-suposição de que ela é a própria realidade; o aluno tem o papel de interpretador dessa realidade, manipulando algumas de suas variáveis. Na dinâmica, embora presuma que seja real, o aluno desenvolve o papel de organizador e de estruturador.

Além dos dois tipos citados, existem as variações desse tipo de simulação: aquelas que ensinam sobre alguma coisa (*física* ou *procedural*) e aquelas que ensinam a fazer alguma coisa (*processo* ou *situação*). Observe que, antes de o educador utilizar determinado simulador, essas classificações devem ser observadas, pois os objetivos educacionais devem ser direcionados conforme o caso apresentado.

No ensino baseado em problemas ou no ensino por projetos, a utilização de simulações, especialmente em grupo, é muito útil, principalmente quando esse grupo precisa tomar decisões. É importante que o registro dessas decisões seja feito para que, após o processo de simulação, o professor possa discutir, de forma coletiva, os motivos dos erros e acertos em cada caso.

Para que se possa extrair ao máximo o potencial dos simuladores, eles precisam ser simples e fáceis de manipular e de entender pelos alunos, disponibilizar várias opções de interação e aproximar-se ao máximo de seu respectivo ambiente real.

Como esses sistemas simulam situações reais, os professores devem ater-se ao fato de que eles podem ser utilizados como um "faz de conta". Para tanto, os educadores devem deixar bem claro para os alunos que o modelo que está sendo exibido no computador é uma representação da realidade e que, por sua vez, eles devem fazer suas inferências não sobre uma simulação, mas sobre o real, para vivenciar a realidade diversa que os cerca.

Imagine um simulador de voo, por exemplo. O futuro piloto deve fazer intervenções o mais próximas possível do real, tentando conduzir a aeronave da forma mais segura e mais precisa que for possível; assim, não são corretas interferências descontroladas, como dar um *looping* a 900 km/h ao pilotar um Boeing 787.

Um exemplo de *software* de simulação pode ser encontrado no programa Edison.[7] Esse *software* apresenta um ambiente para a criação de simulações de criação, verificação e reparo de circuitos, com componentes em 3D, com seus respectivos esquemas. Esse simulador explora as leis da eletricidade e da eletrônica, com sons e animações. São mais de 100 experimentos e problemas.

e) *Softwares* de resolução de problemas

Uma das metas da educação é a formação de cidadãos para atuar conscientemente na sociedade. Os pontos mais requeridos pelos elementos sociais (principalmente no mundo dos negócios) são a capacidade de resolução de problemas e a habilidade para tomada de decisão sobre as mais variadas circunstâncias. Esse tipo de *software* fornece ao educador ferramentas para estimular essas habilidades nos aprendizes.

Conforme descrito em Piva Jr. et al.,[8] um problema pode ser resolvido basicamente em quatro etapas:

1. Saiba o que deve ser feito;
2. Imagine a(s) solução(ões);
3. Avalie a(s) solução(ões) listada(s);
4. Reavalie (toda vez que precisar utilizar essa solução, verifique se ela ainda é a melhor).

Um bom *software* dessa categoria deve possuir elementos que trabalhem pelo menos as três primeiras etapas desse processo com os alunos. Note que a figura do educador como direcionador é fundamental. A estratégia de abordagem, o tempo requerido para resolução dos problemas e o retorno aos alunos, principalmente àqueles que não conseguiram resolver, são elementos fundamentais para uma correta utilização dessa categoria de *software* e a consequente fixação dos conceitos.

---

7 Laboratório Multimídia que integra Circuitos e Diagramas Esquemáticos de Maneira Realista. *DesignSoft*. Disponível em: <http://www.edisonlab.com/Portuguese/edison/>. Acesso em: 22 abr. 2013.

8 PIVA JR., Dilermando et al. *Algoritmos e programação de computadores*. São Paulo: Elsevier, 2012. p. 36-37.

Segundo Roblyer, Edwards e Havriluk,[9] os *softwares* de resolução de problemas podem ser divididos em dois tipos básicos:

> [...] o primeiro é especificamente aplicado ao ensino elementar de Matemática (formas geométricas básicas, manipulação de figuras etc.). O outro tipo tem um foco de atuação bem genérico, como a recordação de fatos, a quebra de um problema em uma sequência de passos ou a predição de resultados.

Um exemplo de *software* de resolução de problemas (também disponível para *tablets* e *on-line*) é o programa *Match Move*, disponível em vários *sites*.[10] Nesse *software*, vários desafios matemáticos podem ser utilizados para estimular o raciocínio lógico-matemático dos alunos.

f) Pacotes utilitários

Esses *softwares* não têm como objetivo final o processo educacional, mas, mesmo assim, foram um dos primeiros *softwares* utilizados na área educacional. Eles surgiram das necessidades específicas de criação de textos, controle de contas, armazenamento de informações, criações artísticas (músicas, desenhos e vídeos) etc. Portanto, não se tratam de *softwares* educativos propriamente ditos, mas de ferramentas utilizadas em atividades específicas, principalmente as da vida profissional das pessoas.

Esses aplicativos auxiliam o processo educacional, fornecendo subsídios para que o futuro profissional possa realizar, de forma racional e otimizada, as tarefas de seu dia a dia, incrementando qualidade em seus trabalhos. São *softwares* bastante difundidos no mercado e amplamente utilizados. São ferramentas que auxiliam na elaboração e na construção de textos, planilhas de cálculo, banco de dados, desenhos etc.; além disso, uma das suas maiores características é a de "recortar e colar" textos, figuras e outros elementos provenientes de tipos diferentes de *softwares*.

---

9 ROBLYER, M.D. et al. *Integrating educational technology into teaching.* Englewood Cliffs: Prentice-Hall, 1997. p. 100-101.

10 Equilibre as equações matemáticas movendo um palito de fósforo. Disponível em: <http://www.techtudo.com.br/downloads/match-move>. Acesso em: 22 abr. 2013.

Podemos dividir suas aplicações na área educacional em duas diferentes atividades:

- **Uso para ganhar produtividade**: nesse caso, principalmente os professores são beneficiados na construção, no controle e planejamento de aulas e atividades, pois podem redirecionar o tempo ganho para atividades de maior contato com os alunos.

- **Uso educacional**: acontece de diversas formas, desde como utilizar os *softwares* em questão para acompanhamento de experiências ou repositório de dados. Por exemplo, uma planilha eletrônica pode ser utilizada para registrar os resultados obtidos através de um experimento físico e, depois, como ferramenta de análise e visualização dos dados. Outro exemplo é a utilização de gerenciadores de bases de dados pelos alunos para armazenamento de informações. Nesse caso, o aluno apreende informações não só no processo de coleta e armazenamento, mas também na criação, organização e seleção das diversas maneiras de recuperação dos dados armazenados.

Esses sistemas podem auxiliar o processo de ensino-aprendizagem, principalmente nos dias atuais, em que a informática domina todos os campos da sociedade.

g) Ferramentas de referência

Esses *softwares* são versões computadorizadas dos materiais de referência ou pesquisa, como enciclopédias, dicionários e atlas, que são comumente utilizados no processo de ensino-aprendizagem como materiais de apoio e pesquisa dos alunos.

As vantagens na utilização desses *softwares* em vez de suas versões em papel são: agilidade na busca de informações, visualização das informações por meio de recursos hipermídia, facilidade de uso e reutilização da informação por meio do recurso "recortar e colar".

Alguns exemplos são os diversos dicionários nas versões digitais (Aurélio, Michaelis, Houaiss etc.), enciclopédias digitais (Barsa, Britânica, Wikipedia etc.), atlas geográficos (Google Maps), entre outros.

Precisamos ter em mente que o computador não é um instrumento a mais – ele está mudando nossa forma de pensar. Os alunos já estão crescendo em contato com essa nova ferramenta, e a escola deve acompanhá-los para que haja maior efetividade do processo de ensino-aprendizagem.

O conceito de *interdisciplinaridade* deve fazer parte dos currículos. Assim, quando surgir a oportunidade de aplicação do conteúdo dado em aula, os computadores e todos os recursos agregados a ele, principalmente os *softwares* educacionais, devem se tornar as ferramentas utilizadas pelos alunos para se aprofundar e praticar a teoria. É dessa forma que se aprende a utilizá-los: a partir da necessidade!

As justificativas para a introdução dos computadores na educação, assim como as formas de utilização desses recursos, são bastante diversificadas. Essa variedade pode e deve ser expandida à medida que aumentar a intimidade dos professores com esse recurso didático-pedagógico e desde que eles estejam capacitados.

Na Parte III, trataremos da parte operacional: "como fazer" essa integração dos computadores e de todos os recursos agregados a ele no processo de ensino-aprendizagem.

PARA SABER MAIS

Virtual

"A palavra tem o significado genérico de algo que não existe propriamente, mas decorre do atual, como uma espécie de campo de força, algo que se imagina ou deduz a partir do concreto. Com a entrada dos computadores pessoais na vida cotidiana, *virtual* passou a ser tudo aquilo que se vê na tela e que pode ser utilizado — como programas e bancos de dados —, mas não existe fisicamente. Conforme a internet se desenvolve, o conceito, que na teoria parece complexo, na prática é experimentado cada vez por mais gente que se "encontra", joga, compra e aprende em um espaço que não pode ser medido em metros, mas sem dúvida é muito mais do que o aspecto físico das linhas telefônicas e computadores."[11]

---

11 DIMENSTEIN, Gilberto. *Aprendiz do futuro*: cidadania hoje e amanhã. São Paulo: Ática, 1997. p. 6.

Modelo

"Modelo é aquilo que observamos, apreendemos, a que adicionamos nossas próprias características para dar, enfim, um resultado final. É o ponto de partida para o raciocínio próprio. Você, neste curso, está recebendo diversos modelos de aplicação de *softwares* na educação; porém, a partir deles vai criar os seus, de acordo com suas próprias características e, principalmente, de acordo com a sua clientela, na sua escola."[12]

Qualidade

"O conceito de *qualidade* apresentado na Norma ISO 8402 é descrito como um conjunto de propriedades e características de um produto, processo ou serviço que lhe fornecem a capacidade de satisfazer as necessidades explícitas ou implícitas. Diversos autores também conceituaram *qualidade*.

Segundo Deming, a qualidade significa um grau previsível de uniformidade e confiabilidade a baixo custo, estando adequada ao mercado. Outra definição de qualidade é apresentada por Juran, que a entende como adequação ao uso.

Há autores que separam qualidade em dois aspectos: qualidade técnica e qualidade humana. Afirmam que a qualidade técnica está em satisfazer exigências e expectativas concretas, tais como tempo, finanças, taxa de defeitos, funcionabilidade, durabilidade, segurança e garantia. A qualidade humana diz respeito à satisfação de expectativas e desejos emocionais, tais como atitude, comprometimento, atenção, credibilidade, consistência e lealdade. Além disso, trabalha-se com cinco tipos de qualidade: a pessoal, a departamental, a de produtos, a de serviços e a da empresa. Em todas elas deve-se verificar a qualidade técnica e humana."[13]

---

12 Depoimento da Prof.ª Giselle C. Fernandes, professora de Prática de Ensino – Itu/SP.
13 DEMING apud CONTE, A. L.; DURSKI, G. R. Qualidade. *Gestão empresarial*, v. 2, Editora Gazeta do Povo, 2002. Disponível em: <http://www.fae.edu/publicacoes/colecao_gestao.asp>. Acesso em: 22 abr. 2013.

Ferramenta

"Em educação, chamamos de *ferramentas* os recursos pedagógicos que facilitam a tarefa de ensinar. As ferramentas utilizadas são as mais variadas e, no caso do computador, assemelham-se ao vídeo/TV, projetor multimídia, os quais são também recursos tecnológicos muito usados, assim como os materiais concretos (blocos lógicos, Material Dourado montessoriano etc.). Quando dizemos que o computador é uma ferramenta que deve ser utilizada como "meio", e não como "fim", isso significa um alerta aos professores, pois ele precisa complementar um trabalho previamente desenvolvido pelo professor, e jamais substitui-lo. Todos sabemos que os recursos visuais e auditivos facilitam a aprendizagem do aluno, e o computador permite, além do "apelo" visual, uma interação do aluno com as infinitas informações lá obtidas. O aluno pode interagir com exercícios (na maioria apresentados em forma de jogos), com a pesquisa, "entrando" em salas de museus e bibliotecas, e muito mais. Lidar com o computador é sempre um "desafio" para o aluno, além de uma fonte inesgotável de conhecimentos."[14]

Interdisciplinaridade

"A interdisciplinaridade supõe um eixo integrador, que pode ser o objeto de conhecimento, um projeto de investigação, um plano de intervenção. Nesse sentido, ela deve partir da necessidade sentida por escolas, professores e alunos de explicar, compreender, intervir, mudar, prever algo que desafia uma disciplina isolada e atrai a atenção de mais de um olhar, talvez vários."[15]

---

14 Depoimento da Prof.ª Giselle C. Fernandes, professora de Prática de Ensino – Itu/SP.
15 BRASIL. *PCN + Ensino Médio*: Orientações educacionais complementares aos Parâmetros Curriculares Nacionais: Ciências humanas e suas tecnologias. Brasília: Ministério da Educação, 2002.

Ensino-aprendizagem

"O processo de ensino-aprendizagem reflete a relação professor/aluno, ou emissor/receptor. Essa relação pode ter abordagem tradicional, comportamentalista, humanista, cognitivista ou sociocultural, *segundo Mizukami.*[16] Seja qual for a abordagem, a questão sobre o processo utilizado é: está havendo aprendizagem efetiva pelo aluno? *"O mestre tem a responsabilidade de fazer com que o aluno descubra não o caminho propriamente dito, mas as vias de acesso a esse caminho, que devem conduzir à meta última –* Eugen Herribel."[17]

---

16 MIZUKAMI, Maria da Graça Nicoletti. *Ensino*: as abordagens do processo. São Paulo: EPU, 1986.

17 Depoimento da Prof.ª Giselle C. Fernandes, professora de Prática de Ensino – Itu/SP.

ATIVIDADES PROPOSTAS

1. A má utilização dos computadores pode ser prejudicial ao processo de ensino-aprendizagem. Você concorda com essa afirmação? Comente.

2. Reúna-se em grupo para fazer esta atividade: façam uma lista das principais áreas em que o computador está presente na sociedade. Em seguida, com base nesses dados, discutam se o sistema educacional brasileiro está provendo ferramentas para que os futuros cidadãos estejam prontos a conviver com as novas tecnologias.

3. Faça uma lista de alguns *softwares* educacionais que você conhece. Depois, classifique-os de acordo com os vários tipos propostos no texto.

BIBLIOGRAFIA SUGERIDA

CARRETERO, Mario. *Construtivismo e educação*. Porto Alegre: Artes Médicas, 1997.

CARVALHO NETO, Cassiano Zeferino de. *E agora, professor?* São Paulo: Laborciência, 1997.

CASTRO, Claudio de Moura. *O computador na escola*: como levar o computador à escola. Rio de Janeiro: Campus, 1988.

DIMENSTEIN, Gilberto. *Aprendiz do futuro*: cidadania hoje e amanhã. São Paulo: Ática, 1997.

LÉVY, Pierre. *As tecnologias da inteligência*: o futuro do pensamento na era da informática. São Paulo: Editora 34, 1993.

NÉRICI, Imídeo G. *Educação e tecnologia*. Rio de Janeiro: Fundo de Cultura, 1973.

OLIVEIRA, Ramon de. *Informática educativa*. Campinas: Papirus, 1997.

PIVA JR., Dilermando et al. *Algoritmos e programação de computadores*. São Paulo: Elsevier, 2012.

TAPSCOTT, Don. *Economia digital*: promessa e perigo na era da inteligência em rede. São Paulo: Makron Books, 1997.

VALENTE, José Armando. *Computadores e conhecimento*: repensando a educação. Campinas: Gráfica Central da Unicamp, 1993.

WURMAN, Richard Saul. *Ansiedade de informação*: como transformar informação em compreensão. 5. ed. São Paulo: Cultura Editores Associados, 1995.

CAPÍTULO 5

▶ Internet

5.1 Introdução

As distâncias desapareceram. As fronteiras não existem mais. Informações correm o mundo por meio das mais diversas mídias. Qualquer pessoa pode – diante de um computador – acessar museus, escolas, jornais etc., de todo o planeta.

A "sociedade da informação" não produz apenas quantidades imensas de informações; ela também gera meios para sua estocagem, numa "memória global" computadorizada, acessível e interligada pelas redes mundiais de computadores. Essas fontes de dados dão acesso ao seu conteúdo em poucos segundos, por meio de buscas estruturadas. Muitos usuários já não se contentam com o resumo das informações acessadas nas fontes de dados e procuram obter a íntegra de todo o material, tendo em mãos, dessa forma, o conteúdo completo para estudo.

O avanço tecnológico nos proporciona novas e ricas oportunidades de trocar ideias com o mundo todo. O planeta é uma grande aldeia na qual as pessoas podem comunicar-se com qualquer outra pessoa, em qualquer parte do planeta, quando quiserem.

Os computadores, os *tablets* e a internet, queiramos ou não, já são realidade em inúmeras instituições educacionais. Dessa forma, essas vias didáticas devem ser percorridas em conjunto entre aluno e professor, isto é, os docentes não devem ser os retentores do conhecimento, mas sim guias, para que seus aprendizes possam chegar a ele.

A internet é uma ferramenta maravilhosa para a educação em geral, do ensino de línguas estrangeiras ao ensino de ética e cidadania. Ela permite o fácil acesso de professores e alunos a uma infinidade de materiais informativos originais e atualizados sobre todos os assuntos da cultura-alvo. Por meio da internet, podemos compartilhar informações residentes em computadores de qualquer parte do mundo, desde que estejamos conectados à rede mundial.

O professor que pretende manter-se na profissão deve não só aprender a utilizar a internet, mas, principalmente, saber como utilizá-la de forma pedagógica, envolvendo e guiando os alunos de forma efetiva e eficiente, priorizando a qualidade da informação.

Até o momento, para as escolas e para a maioria dos professores, a internet ocupa um papel secundário. Existem, porém, projetos na maioria dos países para incentivar o uso dos recursos da internet para o ensino em geral. A criação de objetos de aprendizagem é, hoje, uma das principais frentes para acelerar e potencializar a utilização da internet no ensino.

Cada vez mais, a internet deve deixar de ser vista apenas como um grande conjunto de milhões de computadores cujos recursos podem ser compartilhados e passar a ser percebida como milhões de seres humanos atrás das telas e dos teclados: cientistas, professores, alunos e pais que podem entrar em contato com outras pessoas, fazer perguntas ou responder a elas, discutir, trocar informações e dicas, dar opiniões, divulgar informações e muito mais, independentemente do tempo e do espaço. Ao contrário do telefone, o remetente e destinatário de um *e-mail*, de um *post* ou de um *tweet* não precisam responder ao mesmo tempo. Não há mais necessidade de reunir grupos de trabalho no mesmo lugar e na mesma hora para poder resolver um problema em comum. Tudo isso pode ser feito on-line. Mensagens instantâneas, seja via celular, seja via Facebook, aumentam a cada dia. Hoje, o meio de comunicação oficial dos jovens é o SMS, muito mais rápido e mais barato do que qualquer ligação telefônica.

Evidentemente, a comunicação eletrônica abrange apenas parte da comunicação humana. Ela não pode nem deve substituir o diálogo pessoal (em aula) ou o contato humano direto, mas abre dimensões de contato e de comunicação adicionais, além das limitações impostas por tempo e espaço, que não seriam possíveis (física e financeiramente) sem ela. O uso da internet propicia o acesso à informação e à comunicação mundial – os bens mais valiosos da sociedade do terceiro milênio – para as regiões e instituições menos privilegiadas. Antes disponíveis apenas para a máquina militar da primeira potência do planeta, hoje estão ao alcance de toda escola que puder destinar um computador com os recursos básicos para esse fim. O uso produtivo da internet para fins educativos é quase tão infinito quanto as ramificações da própria rede e encontra seu limite apenas na imaginação dos professores e alunos que queiram tirar proveito dela. As formas de utilização da internet são as mais diversas possíveis, cabendo ao "internauta" a curiosidade e a criatividade no processo de exploração e de coleta das informações.

Os principais recursos tecnológicos utilizados para exploração e coleta de informações pela internet serão mencionados a seguir.

a) *E-mail*

É um dos recursos mais utilizados pelos usuários da rede. Diferentemente do correio tradicional, o *e-mail* permite o contato extremamente rápido e constante entre duas pessoas, sem perder o tom formal do processo. Por esse motivo, torna-se o instrumento ideal para o contato entre nossos professores, pesquisadores e especialistas nas mais diferentes áreas do conhecimento.

Esses contatos podem ter vários objetivos específicos:

- consultas rápidas;
- esclarecimento de pequenas dúvidas;
- solicitação de indicação bibliográfica; e
- pesquisa bibliográfica oferecida por bibliotecas brasileiras e estrangeiras.

Além disso, o *e-mail* permite a troca de informações entre alunos, alunos e professores e entre professores.

b) Fóruns ou listas de discussão

São recursos geralmente encontrados em ambientes fechados, como ambientes virtuais de aprendizagem (por exemplo, o Moodle). Destinam-se à discussão sobre determinado tópico ou assunto proposto por um dos participantes.

As mensagens enviadas para um fórum ou lista podem ser visualizadas por todos os seus participantes, e até mesmo distribuídas a todos por *e-mail*. Geralmente, as mensagens enviadas para esse fim tendem a ser, em média, menores e mais sintéticas do que as enviadas por *e-mail*.

c) *Chat* ou mensagens instantâneas (por texto ou por vídeo)

Por meio desse sistema, é possível transmitir, em tempo real, mensagens escritas a outros usuários conectados; isso permite uma espécie de conversação ou bate-papo (*chat*) em grupo, cujo número de participantes pode variar de duas a dezenas de pessoas.

Além dos canais próprios existentes em alguns *sites*, existem *softwares* destinados a propiciar essa comunicação instantânea. Alguns dos principais canais são: Skype, Windows Live, GoogleTalk, entre muitos outros.

Por meio desses canais, os alunos poderiam, por exemplo, participar de canais de discussão sobre os mais diferentes temas ou conversar com estudantes de outras escolas e universidades de outros países, a fim de aprimorar seus conhecimentos ou apenas para exercitar uma língua estrangeira.

Percebe-se, cada vez mais, a utilidade dos *chats* para o desenvolvimento de trabalhos colaborativos e discussões focadas, em que os estudantes, espalhados geograficamente, conseguem orientar seus estudos e produções por meio de conversas em tempo real.

d) Páginas da web ou homepages

É a parte da internet que oferece recursos em múltiplas mídias (hipertexto, imagens, som, vídeos, animações etc.), que são concentrados em estruturas chamadas *páginas*. Assim, as pessoas podem consultar informações (a estrutura organizacional, as atividades, os objetivos, entre muitas outras) sobre centenas de universidades ao redor do mundo, assim como sobre empresas, organizações, eventos etc.

Os alunos teriam acesso às páginas criadas por professores e educadores do mundo todo, bem como a informações sobre os mais diferentes assuntos acadêmicos. Existem sistemas de busca dentro da internet que permitem a professores e alunos encontrar as informações de forma bastante simples e rápida. Para isso, basta conectar-se a um desses serviços e, em alguns segundos, receber listas dos locais em que existe determinada informação. Dois grandes exemplos são o Google e o WolframAlpha.

Figura 5.1 O *site* de buscas mais acessado do mundo (www.google.com.br)

O que se observa é que toda e qualquer interação, feita por *softwares* específicos, está sendo incorporada nas páginas da *web*; com isso, o internauta não precisa de outros acessos ou *softwares*.

5.2 Exemplos de utilização da internet

Como já foi dito, existem muitas formas de utilização da internet. Uma delas é a exploração de informações a partir de uma "palavra-chave". Essa modalidade, também chamada de *complementação teórica*, permite às pessoas aprofundar-se em determinado assunto partindo de uma palavra-chave.

Em geral, a pessoa que realiza tal exploração possui conceitos básicos ou uma vaga noção daquilo a que se refere, e a busca permitirá o aprofundamento do assunto. Portanto, por meio dessa forma de utilização da rede, as pessoas tentam complementar e acrescentar conhecimentos aos já existentes.

Além das páginas dos buscadores, existem outros repositórios interessantes, principalmente dos objetos de aprendizagem. Esses repositórios, em sua maioria públicos, permitem explorar, por área, uma infinidade de recursos que podem ser utilizados no dia a dia dentro da sala de aula. Exploraremos adiante alguns dos principais repositórios de objetos de aprendizagem.

5.2.1 Nacionais

- BANCO INTERNACIONAL DE OBJETOS DE APRENDIZAGEM – MEC: http://objetoseducacionais2.mec.gov.br/
- DOMÍNIO PÚBLICO (biblioteca digital desenvolvida em *software* livre): http://www.dominiopublico.gov.br/

- RIVED (Rede Interativa Virtual de Educação – SEED/MEC): http://rived.mec.gov.br/
- WEBEDUC (portal dos conteúdos educacionais do MEC): http://webeduc.mec.gov.br/
- FEB (Federação de Repositórios Educa Brasil – RNP): http://feb.ufrgs.br/
- LabVirt (Laboratório Didático Virtual da Escola do Futuro da USP): http://www.labvirt.fe.usp.br/

5.2.2 Internacionais

- MERLOT (Multimedia Educational Resources for Learning and Online Teaching) – Programa da Universidade do Estado da Califórnia, em parceria com instituições de ensino superior, sociedades profissionais e indústria. http://www.merlot.org/
- MOCHO (portal de ensino das ciências e de cultura científica de Portugal): http://www.mocho.pt/
- Academia Khan (*site* com milhares de pequenas videoaulas sobre Matemática, Ciências etc.): http://www.khanacademy.org/
- OER@AVU (recursos para educação aberta – África): http://oer.avu.org/

Figura 5.2 Banco Internacional de Objetos de Aprendizagem do MEC (http://objetoseducacionais2.mec.gov.br/)

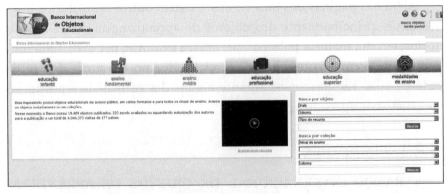

Existem também páginas desenvolvidas com conteúdos didáticos específicos, isto é, relacionados a determinadas áreas do conhecimento, que podem ser acessados de forma direta. A seguir, apresentamos, divididos em áreas/disciplinas, vários *sites* selecionados, como sugestão para futura exploração. Esses *sites* poderão ser úteis no apoio a determinadas disciplinas e aos professores.

5.2.3 Língua Portuguesa/Literatura

- **Biblioteca virtual:** mais de 300 obras de domínio público de autores brasileiros e portugueses. O *site* possui um serviço bastante eficiente para quem está disposto a ler na tela do computador: um dicionário on-line, que fica o tempo todo ao lado do texto. Disponível em: www.biblio.com.br/.

- **Literatura on-line:** excelente ponto de partida para quem quer se aprofundar nas literaturas brasileira e portuguesa. O *site* é bem elaborado, o que convida à navegação e faz o leitor se deliciar com as mais diversas obras literárias. Disponível em: http://www.lol.pro.br/.

- **Monteiro Lobato:** *site* oficial do escritor contendo informações sobre sua vida e obra, além de informações sobre cada um dos personagens criados por Lobato e uma seção com desenhos para imprimir e pintar. Disponível em: http://lobato.globo.com/.

- **Outros exemplos:**

    http://www.carlosdrummond.com.br/

    http://www.portugues.com.br/

5.2.4 Matemática

- **Só Matemática:** *site* bastante completo contendo material de apoio para o Ensino Fundamental e o Ensino Médio. Na seção de *softwares*, há uma boa seleção de programas *freewares* que podem ser baixados por *download*. A página possui também textos sobre a história da Matemática e biografias de grandes matemáticos. Não deixe de visitar a seção de absurdos e de curiosidades matemáticas. Disponível em: http://www.somatematica.com.br/.

- **Matemática essencial:** o *site* funciona como um livro didático de Matemática na internet, com a vantagem de apresentar algumas aplicações práticas de conceitos matemáticos. Traz exercícios e informações históricas sobre a disciplina. Disponível em: http://pessoal.sercomtel.com.br/matematica/.

- **Outros exemplos:**

  http://www.apm.pt/

  http://www.matematica.br/

  http://www.obm.org.br/

  http://www.clinicadematematica.com.br/

5.2.5 História

- **HistóriaNet:** *site* organizado por professores de História e voltado ao Ensino Médio. Traz atualidades, dicas de cinema, história da arte e seção de dúvidas *on-line* com resposta por *e-mail*. Disponível em: http://www.historianet.com.br/.

- **Museu Histórico Nacional:** além de informações sobre o museu, é possível consultar as cerca de 7.900 páginas dos anais do MHN, onde se podem pesquisar, por exemplo, textos e ilustrações da época do Brasil Colônia. Com isso, é possível descobrir como eram os hábitos e costumes da população, ler sobre os fatos históricos e muitas outras curiosidades. Outro exemplo de assuntos que podem ser pesquisados é a história das moedas usadas no Brasil Colônia: seu formato, o material de que eram feitas (em geral de cobre, prata ou ouro), por que motivo ganharam ranhuras em seu entorno (para que não fossem lixadas e, portanto, roubadas), quais eram as séries a que pertenciam, entre outros dados. Disponível em: http://www.museuhistorico-nacional.com.br/.

- **Outros exemplos:**

  http://portalmatematico.com/moedas/historiadinheiro.shtml

  http://www.uol.com.br/milenio/linhadotempo/

  http://www.muraldahistoria.com/

  http://webciencia.com/09_indios.htm/

5.2.6 Geografia

- **Mapas do mundo:** *site* em inglês que apresenta uma coleção organizada pela Universidade do Texas, nos Estados Unidos, de centenas de mapas de diversos locais do planeta. Traz *links* para diversos outros *sites* que publicam mapas na internet. Fonte riquíssima de consulta para as aulas de Geografia. Disponível em: http://www.lib.utexas.edu/maps/index.html.

- **Família Schurmann:** *site* que registra todas as atividades de uma família de navegantes brasileiros. Destaque para o projeto Magalhães Global Adventure (MGA), em que os Schurmann refizeram, com seu veleiro, a rota que Fernão de Magalhães percorreu no século XVI – a viagem terminou em 22 de abril de 2000, em Porto Seguro, na Bahia, durante as comemorações dos 500 anos do Descobrimento do Brasil. Sua escola pode se cadastrar para receber informações detalhadas sobre as atividades da família Schurmann. Disponível em: http://www.schurmann.com.br/familiaaventura/familia_aventura.asp.

- **Atlas dos oceanos:** atlas virtual dos oceanos organizado pela Organização das Nações Unidas (ONU). Informações precisas sobre a geografia, o relevo subaquático, o clima e as rotas de navegação. Disponível em: http://www.oceansatlas.com/.

- **Outros exemplos:**

  http://maps.google.com.br/

  http://www.sogeografia.com.br/

  http://www.geografiaparatodos.com.br/index.php/

5.2.7 Língua Estrangeira

- **Alumni:** *site* da conceituada Associação Alumni, que traz, na página "Eventos Culturais e Edutainment", notas culturais e divertidos testes de conhecimento em inglês, contextualizados com o humor dos falsos cognatos. Há, também, informações sobre exames de proficiência em inglês como TOEFL, GRE, USMLE E ESLAT. Disponível em: http://www.alumni.org.br/.

- **English Made in Brazil:** *site* rápido e com muitas informações sobre metodologia e material de ensino de inglês. Traz dicas sobre como abrir uma escola de inglês no Brasil. Disponível em: http://www.sk.com.br/sk.html.

- **Outros exemplos:**

  http://www.parlo.com/

  http://www.esl-lab.com/

  http://www.englishtown.com/

  http://www.espanholgratis.net/

  http://www.el-castellano.com/

  http://www.edufind.com/english/grammar/grammar_topics.php

  http://www.sites.uol.com.br/englishonline/

  http://www.soespanhol.com.br/

5.2.8 Artes

- **MASP:** este *site* apresenta o mais importante museu de arte do país, o Museu de Arte de São Paulo (Masp). Na seção "Exposições Virtuais" há obras do acervo do museu e exposições que já passaram por ele, como Dali, Monet, Michelangelo e Picasso. Sua escola pode assinar virtualmente o livro de visitas. Além disso, na página "Escola do Masp", há informações sobre cursos oferecidos pelo museu, visitas orientadas e assessoria ao professor. Ao fazer uma visita virtual durante uma aula, a sugestão é que você conecte o televisor da escola ao computador para tornar as imagens acessíveis a um grupo maior de alunos. Disponível em: http://masp.art.br/masp2010/.

- **Bienal:** em um *site* muito bem bolado, você encontra muitas informações sobre os trabalhos expostos na última bienal e faz uma visita virtual, andando pelas salas e observando os trabalhos por diversos ângulos. Se você não pôde visitar a bienal pessoalmente, não perca essa oportunidade. Disponível em: http://entretenimento.uol.com.br/arte/bienal/.

- **Museu do Louvre:** este *site* traz uma grande parte das coleções do museu, que é um dos maiores do mundo – e tudo muito bem organizado, para você não se perder pela imensidão de galerias. Você pode até fazer visitas virtuais pelo museu. Cada obra de arte, classificada por gênero, escola, país de origem e período, vem acompanhada de um texto descritivo, contendo informações sobre o autor e a época em que foi realizada. É, sem dúvida, um dos *sites* mais visitados do mundo. Disponível em: http://www.louvre.fr/.

- **Outros exemplos:**

  http://www.artcyclopedia.com/

  http://www.historiadaarte.com.br/Historia_da_Arte/Inicial.html

  http://www.educacao.sp.gov.br/portal/projetos/ensino-artes/

5.2.9 Educação Física

- **Centro Esportivo Virtual:** *site* dedicado ao esporte e à Educação Física. Destaques para a biblioteca com sugestões bibliográficas comentadas, artigos, resumo de teses e legislação sobre a Educação Física. Na agenda, calendário de eventos e de jogos de todo o mundo. O *site* traz, ainda, uma grande variedade de listas de discussão por modalidades esportivas. Disponível em: http://www.cev.org.br/.

- **Federação Internacional de Educação Física:** *site* da Federação Internacional de Educação Física, com informações sobre a programação de eventos da entidade, relação de delegados e lista de fatos históricos da federação. Disponível em: http://www.fiepbrasil.org/.

- **Outros exemplos:**

  http://www.saudeemmovimento.com.br/

  http://www.educacaofisica.com.br/

  http://www.mundoeducacaofisica.com/

  http://www.educacaofisicaescolar.com/

5.2.10 Física

- **Só Física:** um dos maiores e mais completos *sites* em língua portuguesa para o estudo de Física. Disponível em: http://www.sofisica.com.br/.

- **Adoro Física:** um *site* bem completo e divertido, apresenta um conjunto de opções que vão desde as aplicações dos conceitos de Física em situações do cotidiano até comprovações de experimentos científicos. Disponível em: http://www.adorofisica.com.br/.

- **Nasa:** *site* da National Aeronautics and Space Administration (Nasa). Simplesmente fantástico. Disponível em: http://www.nasa.gov.

- **Outros exemplos:**

  http://www.brasilescola.com/fisica/

  http://www.sbfisica.org.br/v1/

  http://www.fisica.net/

  http://www.21stcenturysciencetech.com/

  http://www.ipen.br

  http://www.iag.usp.br

  http://www.fisicafacil.pro.br/portal/

  http://fsc.ufsc.br/sites_fisica/sites_fisica.htm

  http://fisicainterativa.com/

5.2.11 Química

- **Mundo de Beackman:** o famoso programa de TV tem *site* na internet e, o que é melhor ainda, com versão em português. Nele você encontra dicas sobre atividades e diversas curiosidades científicas. Disponível em: http://www.beakmansworldtv.com/.

- **Expressões moleculares:** imagens e vídeos de estruturas microscópicas. Imperdível a animação que parte da imagem da Via Láctea, vista do espaço, e segue aproximando-se da Terra até chegar à estrutura atômica da folha de uma árvore. Disponível em: http://www.micro.magnet.fsu.edu/index.html/.

- **Centro de Divulgação Científica e Cultural — Química:** *site* da Universidade de São Paulo (USP) destinado à divulgação de informações científicas e culturais sobre diversas áreas. Na área destinada à Química, existe um *site* bem estruturado e leve com muitas informações interessantes para o professor. Na parte de fundamentos teóricos, apresenta boas referências sobre reações químicas, equações químicas, balanceamento de equações etc. Disponível em: http://www.cdcc.sc.usp.br/quimica/index.html/.

- **Laboratório de Pesquisa em Ensino de Química:** *site* da Faculdade de Química da USP. Apresenta orientações e os conteúdos de matérias de graduação e pós-graduação na área de Química. Disponível em: http://quimica.fe.usp.br/.

- **Outros exemplos:**

  http://www.chem.ox.ac.uk/

  http://www.soq.com.br/

  http://www.profpc.com.br/

  http://www.quimicavirtual.com.br/

  http://www.agracadaquimica.com.br/

  http://www.uky.edu/Projects/Chemcomics/

5.2.12 Biologia

- **Biomania:** um dos mais completos *sites* sobre Biologia. Disponível em: http://www.biomania.com.br/.

- **Só Biologia:** um dos *sites* mais completos em língua portuguesa sobre Biologia. Disponível em: http://www.sobiologia.com.br/.

- **Outros exemplos:**

  http://www.planetabio.com/planetabio.html

  http://www.infoescola.com/biologia/

  http://www.brasilescola.com/biologia/

  http://www.universitario.com.br/celo/index2.html

  http://www.todabiologia.com/

  http://www.mundosites.net/biologia/

A convicção geral é de que a internet mudou profundamente as relações entre o ensino e a aprendizagem. Caberá a nós, educadores, utilizar essa ferramenta de modo adequado para que possamos dela extrair seu maior potencial.

PARA SABER MAIS

Internet: história e estrutura

"A Internet nasceu – segundo um mito muito popular, porém com fundo verdadeiro – no final dos anos 1960, quando o Ministério da Defesa dos Estados Unidos encomendou uma ligação entre os computadores mais potentes e importantes da nação, de modo que a comunicação de dados militares funcionasse mesmo depois de um ataque nuclear. A solução apresentada era um pacote tão genial quanto simples. Já em 1972, essa rede militar (com o nome de Advanced Research Projects Agency Net – ARPANET) foi aberta à comunidade científica mundial e, aos poucos, se transformou na internet. Inicialmente utilizada apenas por alguns institutos de pesquisa e poucos cientistas nas universidades, a internet ganhou o papel de uma rede de comunicação planetária por meio de seu crescimento exponencial e suas convenções mundialmente estabelecidas. No Brasil, o acesso era primeiro restrito às universidades e alguns institutos ligados à Rede Nacional de Pesquisa (RNP); contudo, desde 1995, provedores comerciais dão acesso ao público em geral.

Network

Utilizou-se uma rede diversificada com conexões entre todos os possíveis tipos de canais físicos de comunicação: linhas de dados e de telefone, transmissão por rádio e via satélite. Havia muitos caminhos para ir de um computador a outro. Se um deles estava interrompido, escolhia-se o desvio mais próximo.

Protocols

Criaram-se padrões para o formato dos dados comunicados entre computadores. Estes "protocolos" são independentes das plataformas de *hardwares* e *softwares* utilizados. Dessa forma, computadores dos tipos IBM/PC, Apple/Macintosh, Atari, Amiga, UNIX etc. podem se comunicar independentemente do aplicativo utilizado. A família de protocolos TCP/IP tornou-se a língua franca da internet.

Packet switching

O fluxo de dados é dividido em pequenos pacotes, que são encaminhados independentemente uns dos outros, junto com os dados do remetente e do destinatário, igual a uma encomenda postal tradicional. Quando um deles é danificado ou extraviado no transporte, é retransmitido automaticamente, sem que seja necessário repetir toda a comunicação. O "serviço de troca de pacotes" também facilita o uso simultâneo de uma linha de dados por um grande número de usuários.

Name Service

Cada computador tem um nome e uma identificação de quatro grupos numéricos (parecido com o sistema mundial de números telefônicos). Nos servidores de nomes encontram-se tabelas para a conversão entre os dois. Assim, o computador que é a porta para a UFSC tem o nome www.ufsc.br e o número 150.162.1.240.

Mirroring

Bancos de dados importantes são "espelhados", ou seja, mantidos em várias cópias físicas sob diferentes endereços, para facilitar o acesso.

Telnet

Pequeno programa que estabelece uma ligação direta entre dois computadores na rede, por exemplo, para acessar material em diretórios públicos no computador remoto.

FTP (file transfer protocol)

Este "protocolo de transferência de arquivos" é outro pequeno programa útil para copiar arquivos de máquinas remotas sem acessar o conteúdo desses arquivos.

World Wide Web

A "teia mundial" (abreviada como WWW ou W3) é um serviço gráfico baseado em documentos editados no padrão HTML (*hypertext mark-up language*, linguagem de marcar em hipertextos), que podem incluir *links* (ligações) que remetem o usuário a outras partes do mesmo documento (útil quando se trata de volumes maiores de texto), a arquivos multimídia (sons, gráficos, vídeos), a programas externos (como o FTP, um programa de busca de dados ou alguma outra aplicação) ou a outros documentos em qualquer localização da rede mundial. Essas páginas encontram-se em diretórios abertos ao público, em máquinas permanentemente ligadas na rede (chamadas de *servers* = servidores).

Em termos da teoria de sistemas, há uma analogia surpreendente com sistemas biológicos, como o processamento e a estocagem de informações holísticas, distribuídos nas redes neuronais do nosso cérebro; a estrutura rigidamente caótica com controle descentralizado pela cooperação de todas as partes; a grande flexibilidade e a capacidade de adaptar-se a novas exigências com rapidez e sem interromper o funcionamento atual; a contribuição simultânea ativa e passiva de todos os componentes etc.

Nos Estados Unidos, o avanço da internet teve seu respaldo na política educacional. A National Science Foundation, por exemplo, financia a ligação de universidades e escolas, desde que todos os computadores destinados ao trabalho de professores e alunos sejam conectados. Em 1993, o governo Clinton estabeleceu a meta de dar acesso à internet a todos os cidadãos norte-americanos até o final da década.

No momento, a internet integra mais de 40 milhões de usuários diretos em mais de 50 países. Outras redes, como EARN, BITNET, UseNET, NewsNet, FidoNET ou CompuServe etc., permitem o acesso indireto, via *gateways*. Na área científica, grande parte do intercâmbio de conhecimentos e sua discussão já acontecem na internet, seja por contato individual mediante correio eletrônico (*e-mail*), seja por *e-mail* coletivo nos mais de 6 mil grupos de discussão de assuntos específicos da UseNET, e, cada vez mais, pela WWW, com a facilidade de abranger informações em formato multimídia (imagens, sons, vídeos)."[1]

Ética e cidadania

"É frequente ouvirmos falar em valores éticos e morais, sem de fato pararmos para pensar no que exatamente podem significar. Conforme o Prof. Dr. Régis de Morais em recente Palestra no 7º ENEP (Encontro de Educação de Paulínia/SP), os valores morais são aqueles que podem modificar de uma sociedade para outra, ou de uma geração para a outra, como a participação da mulher na sociedade. Já os valores éticos não sofrem alteração, pois referem-se fundamentalmente ao respeito pelo outro. É comum falar-se em ética médica ou ética profissional. O respeito à ética não é só na Medicina ou em qualquer outra profissão. A ética deve ser seguida por todos. E a cidadania refere-se à preservação dos direitos e ao cumprimento dos deveres do cidadão, tanto para com o outro, como para com sua cidade, seu bairro, país... É lógico concluirmos, então, que o cidadão ético desfruta de seus direitos e cumpre seus deveres! Dessa

---

1 WEININGER, Markus J. *O uso da Internet para fins educativos*. VIII ENDIPE (Encontro Nacional de Didática e Prática do Ensino), UFSC, Florianópolis, 1996.

forma, é dever da escola despertar, desenvolver e preservar a ética e a cidadania de seus alunos, estimulando seu raciocínio lógico e crítico, a solidariedade, o respeito, a tolerância, o patriotismo; enfim, valores por vezes esquecidos em nossa sociedade."[2]

Hipertexto

Hipertexto, em Ciência da Computação, é uma metáfora para apresentar informações em que textos, imagens, sons e ações mantêm uma certa correlação em determinado contexto. De forma resumida, são associações não sequenciais feitas nas páginas de texto dos *softwares* multimídia e nas *homepages* do serviço WWW, da internet. Por exemplo,quando acessamos as *homepages*, frequentemente encontramos palavras com um certo destaque. Essas palavras fazem referência a outras páginas, nas quais existe uma explicação detalhada sobre determinado tópico. Melhor dizendo, essas palavras destacadas são a porta de entrada para novos conhecimentos ou o aprofundamento do que está sendo visto. O termo *hipertexto* (do inglês *hypertext*) foi apresentado pela primeira vez em 1965, por Ted Nelson, para descrever documentos apresentados através do computador que fugiam da estrutura linear tradicionalmente encontrada nos livros, filmes, revistas e discursos.[3]

Qualidade da informação

"A velocidade exigida pelo mundo cada vez mais globalizado pode ser expressa pelo aumento exponencial do volume de informações no dia a dia das pessoas. Em certos casos, a reação das pessoas chega ao extremo, tornando-se doentia. Ficam estressadas, perturbam-se e

---

2 Depoimento da Prof.ª Giselle C. Fernandes, professora de Prática de Ensino – Itu/SP.
3 Texto elaborado pelo autor para esta publicação.

perdem a eficiência no trabalho. O advento da internet levou esse processo ao apogeu. Nessa rede que liga computadores pessoais do mundo inteiro através da linha telefônica, o volume de informações é quase infinito. Estima-se que cerca de 1 bilhão de pessoas estão conectadas à rede desde a virada para o século XXI.

Pierre Lévy diz que, por conta da velocidade na transmissão das informações, 'os conhecimentos adquiridos por uma pessoa no início de sua vida profissional serão obsoletos no final de sua carreira'.

No mundo empresarial, as consequências são semelhantes. Quanto mais dependente de informação uma empresa se torna, maior deve ser a garantia de uma boa qualidade destas informações. Consequentemente, as empresas devem avaliar as informações que utilizam e as que produzem, periodicamente. Para isso, é necessário o uso de um instrumento de medida.

Por ser subjetivo, o conceito de *qualidade* é bastante amplo. Consequentemente, a não construção de um modelo formal para a qualidade dentro de uma empresa pode implicar erros no processo de medição. Nessa linha, não só a informação, mas todo o contexto informacional deve ser analisado.

Uma das propostas prega que o ambiente empresarial, os objetivos e metas, a estrutura e sua cultura precisam ser analisados. Dessa análise deduz-se qual é a informação necessária e que tipo de sistemas de informação são requeridos. Finalmente, a qualidade pode ser obtida comparando a informação requerida e a disponível, e os sistemas de informações requeridos e aqueles desenvolvidos.

Entretanto, na grande maioria das empresas, isso é feito sem levar em conta o seu principal recurso: as pessoas. Devido à limitação do potencial de captação do ser humano, do ponto de vista físico, mental e psicológico, existe um ponto de equilíbrio entre a quantidade de informação recebida e a assimilada.

Metas e mais metas são 'colocadas' para as pessoas que, atordoadas com tamanha pressão, chegam a gerar ou classificar informações de forma imprópria.

Tentando diminuir a carga de informações *per capita* dentro das organizações, e com isso aumentar a qualidade, algumas ferramentas computacionais foram criadas. Existem várias linhas de produtos: alguns se destinam a sintetizar informações; outros, com base nas informações coletadas e regras previamente estabelecidas, geram decisões, como a aprovação de crédito a clientes ou a movimentação de materiais dentro da linha de montagem.

Assim, da mesma forma que a tecnologia aumenta a velocidade e a quantidade de informações, ela mesma torna possível a construção de ferramentas que auxiliam as pessoas a manusear uma quantidade cada vez maior de informações. O difícil, em todo este processo, é encontrar o limite do ser humano, o seu ponto de equilíbrio, pois não existirá qualidade nas informações sem respeitar a qualidade de vida das pessoas."[4]

Educação a distância

"Há conceitos que, por sua pouca maturidade ou grande dependência de outros já dominantes, demoram muito a firmar-se a partir de suas próprias características. Com a educação a distância aconteceu assim. Primeiro conceituou-se o que NÃO seria educação a distância. Somente a partir das pesquisas dos anos 1970 e 1980, ela foi vista pelo que é, ou seja, a partir das características que a determinam ou por seus elementos constitutivos.

---

4 PERRY e RUMBLE apud PIVA JR.,Dilermando. Qualidade da informação, *Jornal República*, Caderno de Mercado, 1997.

Os teóricos Walter Perry e Greville Rumble[5] afirmam que 'a característica básica da educação a distância é o estabelecimento de uma comunicação de dupla via, na medida em que professor e aluno não se encontram juntos na mesma sala, requisitando, assim, meios que possibilitem a comunicação entre ambos como correspondência postal ou eletrônica, telefone, rádio, internet, CD-ROM, vídeo, televisão, desde que apoiadas em meios abertos de dupla comunicação'. Afirmam, também, que 'há muitas denominações utilizadas correntemente para descrever a educação a distância, como: estudo aberto, educação não tradicional, estudo externo, extensão, estudo por contrato, estudo experimental'. Contudo, nenhuma dessas denominações serve para descrever, com exatidão, *educação a distância*; são termos genéricos que, em certas ocasiões, incluem-na, mas não representam somente a modalidade a distância. Para exemplificar: um livro ou fascículo, desses que se intitulam 'faça você mesmo'; um texto isolado de instrução programada; uma programação insulada de rádio ou um programa assistemático de televisão não são formas de educação a distância. Esta pressupõe um processo educativo sistemático e organizado que exige não somente a dupla-via de comunicação, como também a instauração de um processo continuado, em que os meios ou os multimeios devem estar presentes na estratégia de comunicação. A escolha de determinado meio ou multimeios vem em razão do tipo de público, custos operacionais e, principalmente, eficácia para a transmissão, recepção, transformação e criação do processo educativo.

Podemos, assim, diante do exposto anteriormente, destacar os elementos centrais do ensino a distância como os seguintes: 1. separação física entre professor e aluno,

---

5 PERRY, W.; RUMBLE, G. (1987). *A short guide to distance education*. Cambridge: International Extension College. p. 12.

que a distingue do ensino presencial; 2. influência da organização educacional (planejamento, sistematização, plano, projeto, organização dirigida etc.), que a diferencia da educação individual; 3. utilização de meios técnicos de comunicação, usualmente impressos, para unir o professor ao aluno e transmitir os conteúdos educativos; 4. previsão de uma comunicação de mão dupla, em que o estudante se beneficia de um diálogo, e da possibilidade de iniciativas de dupla-via; 5. possibilidade de encontros ocasionais com propósitos didáticos e de sociabilização; e 6. participação de uma forma padronizada de educação a qual, se aceita, contém o gérmen de uma radical distinção dos outros modos de desenvolvimento da função educacional.

Diante do exposto e levando-se em conta as mudanças impulsionadas, em síntese, pelo processo de globalização e pelos avanços tecnológicos, os quais, estão transformando a sociedade, mudando seus valores e comportamentos, a educação à distância surge como meio de sustentação de uma necessidade exigida pela própria sociedade, em que as palavras-chave são: velocidade e capacitação profissional."[6]

---

6 PIVA JR., DILERMANDO. O que é educação a distância?, *Jornal República*, Caderno de Mercado, 1997.

[N.A.]: **Linguagens procedurais** são códigos de programação de computadores nas quais o programador especifica a sequência cronológica de passos que devem ser executados. As principais linguagens procedurais são Pascal, Basic, C, Cobol, entre outras.

Holística vem de holismo, que é uma doutrina ou forma de pensar em que se encara a realidade ou os elementos da realidade como um todo indecomponível e que reflete e contém todas as suas dimensões, como um holograma.

Rede neural é um tipo de arranjo computacional (conjunto de *hardware* e *software*) que tenta reproduzir a forma como o nosso cérebro funciona. Em ciência da computação, dizemos que é uma técnica de modelagem de dados e processos baseada num sistema de unidades interligadas (neurônios).

Gateways são portas de entrada ou meios de acesso, alguma coisa que serve de entrada ou meio de ligação. Em computação, são dispositivos ou programas que recebem e repassam as informações entre redes de computadores, permitindo a interconexão de duas ou mais redes de computadores.

ATIVIDADES PROPOSTAS

1. As instituições escolares estão passando por sérias dificuldades diante dos novos recursos utilizados para obter informações. Em grupo, discuta a seguinte questão: você acredita que a internet mudará o sistema educacional? Por quê? Ao final da discusssão, registrem por escrito a opinião do grupo.

2. Ainda em grupo, discutam a seguinte questão: a internet causa ou aumenta a exclusão social? Por quê?

3. Com o mesmo grupo, planejem uma aula de 50 min. sobre determinada matéria, a qual, em seguida (mais 50 min.), será aprofundada no Laboratório de Informática, utilizando a internet. (No total, serão duas aulas de 50 min. cada uma.)

BIBLIOGRAFIA SUGERIDA

DERFLER JR., Frank J.; FREED, Les. *Como funcionam as redes*. Emeryville, California: Ziff-Davis Press, 1993.

DIMENSTEIN, Gilberto. *Aprendiz do futuro*: cidadania hoje e amanhã. São Paulo: Ática, 1997.

NISKIER, Arnaldo. *Tecnologia educacional*: uma visã política. Petrópolis: Vozes, 1993.

OLIVEIRA, Ramos de. *Informática educativa*: dos planos e discursos à sala de aula. Campinas: Papirus, 1997.

WURMAN, Richard Saul. *Ansiedade de informação*: como transformar informação em compreensão. 5. ed. São Paulo: Cultura Editores Associados, 1995.

CAPÍTULO 6

▶ Comunidades, colaboração e conectividade

6.1 Introdução

É comum encontrarmos referências sobre o novo perfil das crianças e jovens. Muitos os chamam de *geração Y* ou *Net* e, mais recentemente, de *geração Z*. Independentemente da nomenclatura utilizada para designá-la, essa nova geração caracteriza-se pela impaciência e pela familiarização com a tecnologia (afinal, cresceram com ela!); não aceitam o autoritarismo, têm dificuldade de planejamento (geração do fazer, improvisar, da tentativa e erro), não leem manuais, têm grande necessidade de se expressar.

> **Geração Y ou Net** são jovens nascidos entre 1982 e 1996, e **geração Z** são os jovens nascidos a partir de 1996. Ambos, **Y e Z**, são conhecidos como "nativos digitais".

Diante disso, a forma de nos relacionar com esses jovens tem de ser diferente, se quisermos ser eficazes, principalmente no processo de ensino-aprendizagem.

Em Design, existem vários princípios que regem a criação de novos produtos. Um deles é conhecido como *modelo mental*. Segundo esse princípio, as pessoas compreendem e interagem melhor com os sistemas e ambientes com base em representações mentais desenvolvidas a partir de suas experiências.[1] Em outras palavras, só conseguimos ver aquilo que estamos preparados para ver, reproduzir aquilo que vivenciamos.

Os professores de hoje foram educados por uma geração de educadores que não vivenciaram essa explosão tecnológica. Por esse motivo, é muito difícil, para eles, reproduzir algo diferente daquilo que vivenciaram. Entretanto, é preciso mudar! Temos de manter contato com as tecnologias e recursos que as crianças e os jovens utilizam diariamente e, dessa experiência, retirar algo que possamos utilizar em nossa prática. Dessa forma, nos aproximaremos do modelo mental desses jovens e nossa atuação será mais eficaz.

A seguir, serão descritos alguns recursos ou tecnologias comuns aos nossos jovens, além de algumas dicas de como podemos utilizá-los no contexto educacional. Lembro que, atualmente, tecnologias nascem e desaparecem numa velocidade assustadora. Portanto, cabe a cada um de nós ficar atento ao surgimento e ao uso dessas novas tecnologias, lançando mão de nossa criatividade para utilizá-las da melhor forma possível.

6.2 Blog

Blog é a abreviação de *weblog*, ou seja, qualquer registro frequente de informações. Um *blog* é um espaço para criação e publicação, individual e coletiva, de assuntos específicos.

A explosão de utilização dos *blogs* ocorreu quando as pessoas começaram a utilizá-lo como diários pessoais. Gradativamente, essa utilização foi se diversificando, e hoje encontramos *blogs* com os mais diversos temas e finalidades.

Uma das grandes vantagens do *blog* – e o que possibilitou essa explosão de utilização – é que as pessoas não precisam saber como essas páginas são construídas tecnicamente. Elas só têm de escrever o texto,

---

1 Adaptado de LIDWELL, W. et al. *Princípios universais do design*. Porto Alegre: Bookman, 2010. p. 154.

clicar em um botão e pronto! Sua informação foi postada numa página na internet. Simples e rápido!

Os estudantes podem utilizar os *blogs* para a construção coletiva de textos sobre determinado assunto ou tema. Os professores podem interagir com os estudantes, esclarecendo dúvidas, dando orientações sobre determinados assuntos e aprofundando-os.

Enfim, existe uma infinidade de formas de utilizá-lo. Em um de seus artigos,[2] a professora Betina von Staa elencou sete motivos para que um professor crie um *blog*: é divertido; aproxima professor e alunos; permite refletir sobre suas colocações; liga o professor ao mundo; amplia a aula; permite trocar experiências com os colegas; e torna o trabalho visível.

Existem muitos servidores gratuitos para a hospedagem de seu *blog*. Alguns dos principais são os seguintes:

- WordPress – http://wordpress.com/
- Blogger (Google) – http://www.blogger.com/
- Blig – http://blig.ig.com.br/
- Blogger (Globo.com) – http://blogger.globo.com/
- Blog-se – www.blog-se.com.br/

6.3 Twitter

O **Twitter** é uma rede social e servidor para *microblogs* que permite aos usuários enviar e receber atualizações pessoais de outros contatos (em textos de até 140 caracteres, conhecidos como *tweets*), por meio do próprio *website* do serviço, por SMS (celulares) e por *softwares* específicos de gerenciamento (existem muitos, e eles podem ser instalados em *desktops*, celulares e *tablets*).

> **Twitter** refere-se ao som que os pássaros fazem, como "piar", "trinar", "gorjear" ou "pipilar", em português. Daí o porquê de o mascote do Twitter ser um pássaro.

---

2 STAA, B.V. Sete motivos para um professor criar um *blog*. Disponível em: <http://www.educacional.com.br/articulistas/betina_bd.asp?codtexto=636>. Acesso em: 22 abr. 2013.

As mensagens enviadas para a rede de contatos (ou seguidores) servem para promover uma atualização rápida e eficaz. O Twitter também pode ser utilizado para interações e discussões. Pelo terceiro ano consecutivo, por votação promovida pelo Centre for Learning & Performance Technologies, o Twitter foi considerado a melhor ferramenta para a educação.[3] Suas aplicações e utilizações são as mais diversas possíveis, desde um contato para lembretes aos estudantes, divulgação de boletins, fotos, atualizações até informações de caráter mais oficial, como bolsas, datas de provas, agenda e lembrete de eventos, como reuniões ou encontros.

Sua utilização moderada é a chave do sucesso – o uso intensivo poderia ser considerado uma fonte de *spam* pelos "seguidos", o que tornaria suas mensagens praticamente invisíveis.

Na educação, o Twitter pode ser utilizado para criar conexões entre aquilo que é ensinado em sala de aula e aquilo que está fora; promover enquetes entre os estudantes; compartilhar ideias, pensamentos e *links* de aprofundamento; e promover maior interação entre o grupo de alunos e professores.

Emmanuel Jiménez escreveu um artigo interessante sobre 12 maneiras de aproveitar o Twitter na educação:[4] quadro de avisos; resumos individuais; compartilhar ideias/descobertas; seguir uma personalidade conhecida; representação de um personagem da história; *hashtag* do dia; trabalhos colaborativos; tradução de frases; amigos estrangeiros; resumo do dia; comunicação com outros grupos; e informação aos pais.

No *site* Universia[5] existe um artigo muito interessante intitulado "100 maneiras de usar o Twitter em sala de aula".

Enfim, existem muitas possibilidades conhecidas, e ainda há outras a explorar. Apenas pela utilização frequente conseguiremos avançar e conseguir a maior efetividade dessas novas tecnologias.

---

3 Para saber mais, acesse o *site* <http://c4lpt.co.uk/top-100-tools-for-learning-2011/>. Acesso em: 22 abr.2013.

4 Artigo disponível em: <http://www.genbetasocialmedia.com/twitter/12-metodos-para-aprovechar-twitter-en-la-educacion>. Acesso em: 22 abr. 2013.

5 Artigo disponível em: <http://noticias.universia.pt/destaque/noticia/2012/06/14/9414 45/100-maneiras-usar-twitter-em-sala-aula.html>. Acesso em: 22 abr. 2013.

6.4 Facebook

O Facebook é, atualmente, a maior rede social do planeta. Permite o compartilhamento de informações entre seus usuários, no que diz respeito à privacidade e aos níveis de interação.

Nele, podem ser criadas páginas individuais ou grupos de interesse. Os grupos, além de serem um espaço virtual que permite a troca de informações, podem ser utilizados como um grande repositório de informações sobre determinado tema ou área. Já as páginas individuais, além do repositório e as trocas de informações, permitem também o compartilhamento de *links*, artigos, vídeos e *feeds*.

Existem muitas páginas interessantes e desenvolvidas com finalidade educacional:

- *Revista National Geographic* (educação) – National Geographic Education – www.facebook.com/natgeoeducation
- Museu do Louvre – www.facebook.com/museedulouvre
- Nasa – www.facebook.com/NASA
- Fundação das Nações Unidas – www.facebook.com/girlup
- Museu Britânico (British Museum) – www.facebook.com/british-museum
- Facebook para educadores – www.facebook.com/fb4educators
- Enciclopédia Britânica – www.facebook.com/BRITANNICA

Também no *site* Universia,[6] existe outro artigo relacionando 100 maneiras de usar o Facebook em sala de aula. Vale a pena conferir.

6.5 YouTube

O YouTube é um *site* que permite que seus usuários carreguem e compartilhem vídeos gratuitamente. É um grande repositório e possui muitos canais, onde existe um tema específico tratado nos vídeos ali guardados.

---

6 Artigo disponível em: <http://noticias.universia.com.br/destaque/noticia/2012/05/25/936671/100-maneiras-usar-facebook-em-sala-aula.html>. Acesso em: 22 abr. 2013.

O YouTube Education[7] é um canal do YouTube que congrega vídeos e outros subcanais de escolas, faculdades, universidades. Caso haja interesse na utilização de vídeos específicos da área de educação, existem muitas obras disponíveis que tratam do assunto. Uma delas é do Prof. Joan Ferrés, "Vídeo e Educação".[8]

A revista *Nova Escola* apresentou, em sua versão digital, um artigo com oito razões para usar o YouTube em sala de aula.[9] Resumidamente, as oito razões apresentadas são: oferecer conteúdos que sirvam de recursos didáticos para as discussões em aula; armazenar todos os vídeos de que você precisa em um só lugar; montar um acervo virtual de seus trabalhos em vídeo; permitir que estudantes explorem assuntos de interesse com maior profundidade; ajudar estudantes com dificuldades; elaborar uma apresentação de *slides* narrada para ser usada em sala; incentivar os alunos a produzir e a compartilhar conteúdo; e permitir que os alunos deixem suas dúvidas registradas.

6.6 Skype

O Skype é um *software* de comunicação via internet que permite a comunicação de voz e vídeo grátis entre os usuários do sistema. Algumas de suas utilizações na educação são: prática de conversação de línguas estrangeiras com falantes nativos; apoio suplementar aos estudantes que precisam de atenção extra ou que são incapazes de se deslocar até a escola; palestras de especialistas de qualquer lugar do planeta; e exploração de culturas diferentes, proporcionando experiências reais aos estudantes.

O *site* Universia[10] apresenta 50 maneiras de utilizar o Skype em sala de aula. É um bom ponto de partida.

---

7 O *link* do YouTube Education é <http://www.youtube.com/education>. Acesso em: 22 abr. 2013.

8 FERRÉS, J. *Vídeo e educação*. 2. ed. Porto Alegre: Artes Médicas, 1996.

9 8 razões para usar o YouTube em sala de aula. *Nova Escola*. Disponível em: <http://revistaescola.abril.com.br/gestao-escolar/8-razoes-usar-youtube-sala-aula-647214.shtml>. Acesso em: 22 abr. 2013.

10 Artigo disponível em: <http://noticias.universia.com.br/ciencia-tecnologia/noticia/2012/08/27/961717/50-maneiras-utilizar-skype-em-sala-aula.html>. Acesso em: 22 abr. 2013.

Existe uma área específica para professores no *site* oficial da empresa. A criação do perfil como educador permite algumas funcionalidades e orientações extras para sua utilização.[11]

6.7 Wiki

Wiki é uma coleção de muitas páginas interligadas, e cada uma delas pode ser visitada e editada por qualquer pessoa. Essa edição pode ter ou não moderação. Esse processo de construção coletiva torna o processo mais prático e fácil.

> **Wiki**, vem do termo havaiano *wikiwiki*, que significa algo "ligeiro", "rápido".

Existem várias ferramentas (*softwares*) que geram essa funcionalidade. Chamamos essas ferramentas de *Wiki*. Alguns exemplos são: JAMWiki, TiddlyWiki, WikiWikiWeb, TWiki, DokuWiki, MediaWiki, ZWiki, Wiki Server, entre muitas outras.

A Wikipedia, enciclopédia livre na internet, utiliza esse princípio de construção coletiva, utilizando-se para tanto de uma ferramenta *wiki open souce*.

O grande potencial de utilização dessa ferramenta no ambiente educacional é a possibilidade de edição coletiva. Ao realizar um trabalho, por exemplo, cada integrante de um grupo pode desenvolver e incrementar o conteúdo original; depois de várias rodadas, o conteúdo final, além de várias revisões, apresenta um conteúdo que contém a somatória de conhecimento de todos os integrantes do grupo.

6.8 Mundos virtuais 3D e simulações

O maior representante dessa modalidade de recurso tecnológico é o ambiente Second Life.[12]

---

11 O *link* do Skype é <http://education.skype.com/>. Acesso em: 22 abr. 2013.
12 O link do Second Life é <http://secondlife.com/>. Acesso em: 22 abr. 2013.

O ambiente simula realidades e possibilita uma imersão, tanto do aluno como do professor, em um ambiente virtual, permitindo experiências e outros tipos de interação muitas vezes impossíveis de realizar no mundo real.

O Second Life apresenta diversas vantagens: grande quantidade de recursos (construção 3D, comunicação por voz ou *chat*, som, imagem, entre outros); navegação por nuvem; e a possibilidade de compartilhamento simultâneo com até 100 pessoas (**avatares**).

> **Avatar** vem do sânscrito *Aval*, que significa "aquele que descende de Deus". Esse ser divino ou manifestação corporal de um ser divino, nos ambientes de realidade virtual ou 3D, representa a manifestação corporal de seu usuário. É a representação virtual (digital) da pessoa que está operando o sistema.

Em contrapartida, existem algumas desvantagens: é um ambiente bastante complexo (com muitas opções e, para usuários novatos, difícil de operar); necessita da instalação de um *software* cliente para acesso ao ambiente; requer bons recursos de processamento gráfico e uma boa conexão com a internet.

Já existem muitos educadores utilizando o ambiente Second Life em suas práticas educativas. Algumas instituições o utilizam como forma de recrutamento de professores e estudantes, além de uma ferramenta de marketing institucional. Outras utilizam o potencial de interação do *software* para atender os estudantes, enriquecendo o currículo e complementando as aulas presenciais.

Do ponto de vista educacional, algumas das vantagens apontadas por alguns educadores são a aprendizagem experiencial, a colaboração e a simulação.

Um bom artigo que relata a utilização da realidade virtual na educação foi escrito pela professora Mariluci Braga e pode ser encontrado na *Revista de Biologia e Ciências da Terra*.[13]

---

13 BRAGA, M. Realidade virtual e educação. *Revista de Biologia e Ciências da Terra*, v. 1, n. 1, 2001. Disponível em: <http://eduep.uepb.edu.br/rbct/sumarios/pdf/realidadevirtual.pdf>. Acesso em: 22 abr. 2013.

Muitos outros ambientes e *softwares* poderiam ser descritos aqui. A seguir, damos indicações de alguns ambientes e *softwares* que poderão ser mais bem explorados pelos leitores. Mas atenção: a utilização de um ambiente ou *software* para fins educacionais deve ocorrer após muito planejamento e sempre com um objetivo claro a ser atingido.

Quando pretender utilizar algum recursos, estude-os com profundidade. Veja o que outros educadores estão dizendo e relatando sobre esses recursos. Não tente reinventar a roda. Aprofunde as experiências já relatadas. Faça sempre o registro de todas as suas descobertas e, se possível, compartilhe esse registro. Na sociedade da informação, quanto mais informação e conhecimento você fornece, mais recebe em troca. Lembre-se disso, e muito sucesso em sua exploração desse universo virtual!

Alguns ambientes e *softwares* que você deve explorar:

- GoogleDocs (edição de documentos em nuvem);
- Prezi (*software* de apresentação);
- Netvibes (ambiente que permite a organização de um ambiente personalizado);
- OpemSim (ambiente de simulação);
- TeacherTube (ambiente similar ao YouTube, voltado para a área de educação);
- Moodle (ambiente virtual de aprendizagem);
- Slideshare (ambiente para disponibilização de apresentações).

PARA SABER MAIS

Conectividade

"A educação *on-line* proporciona um grande nível de conectividade. Os alunos podem facilmente se conectar entre si e com seus professores por intermédio de *e-mail* e conferência. Eles também podem conectar-se com seus pais, como muitos deles fazem quando estão na faculdade ("Pai/Mãe: Por favor, mande mais dinheiro."). Ainda mais impressionante é que os alunos podem interagir diretamente com especialistas em sua área de estudo. Qualquer um que saiba usar um diretório *on-line* de endereços (como o http://411.com) é capaz de rastrear o endereço de *e-mail* de alguém. Como exemplo, no Brasil, temos o *site* da Telefonica (www.telefonica. com.br) e o dos Correios (www.buscacep.correios.com. br). De fato, muitos projetos educacionais foram montados para pôr estudantes e especialistas em contato e promover o diálogo entre eles."[14]

Podcasting

"A palavra *podcasting* é uma junção de *iPod* (um aparelho que toca arquivos digitais em MP3) e *broadcasting* (transmissão de rádio ou TV). Para baixar os arquivos, é necessário que o usuário tenha acesso ao *podcasting* de sua escolha, dentre os disponíveis na internet. [...] Pode ser utilizado para publicar e/ou acessar conteúdo digital que dê informações básicas ou complemente o que está sendo trabalhado em sala de aula."[15]

Realidade aumentada

"Realidade aumentada é definida como a adição de uma camada contextual de informação, assistida por computadores, sobre o mundo real, criando uma realidade misturada. Uma das promessas do uso da realidade aumentada em educação são formas interativas e visuais de aprendizagem, em que o aluno tem uma postura ativa e situada."[16]

---

14 KEARSLEY, Greg. *Educação on-line*: aprendendo e ensinando. São Paulo: Cengage Learning, 2011. p. 4.
15 LEITE, Lígia Silva. (Org). *Tecnologia educacional*: descubra suas possibilidades na sala de aula. 7. ed. Petrópolis: Vozes, 2012. p. 93-94.
16 MATTAR, João. *Tutoria e interação em educação a distância*. São Paulo: Cengage Learning, 2012. p. 112.

ATIVIDADES PROPOSTAS

1. Na sua opinião como educador, qual é o aspecto mais difícil de apropriação das novas tecnologias? E para o estudante?

2. Investigue o que diferentes países e culturas estão fazendo para utilização das novas tecnologias em sala de aula.

3. Faça uma pesquisa das tecnologias, *softwares* e ambientes citados no final do capítulo. Na sua opinião, qual tecnologia propiciaria uma melhoria significativa em suas aulas? Qual traria mais impacto negativo? Explique.

BIBLIOGRAFIA SUGERIDA

ESTEFENON, Susana G. B.; EISENSTEIN, Evelyn (Org.). *Geração digital*: riscos e benefícios das novas tecnologias para as crianças e os adolescentes. Rio de Janeiro: Vieira & Lent, 2008.

FERRÉS, Joan. *Vídeo e educação*. 2. ed. Porto Alegre: Artes Médicas, 1996.

KEARSLEY, Greg. *Educação on-line*: aprendendo e ensinando. São Paulo: Cengage Learning, 2011.

LEITE, Lígia Silva (Org). *Tecnologia educacional*: descubra suas possibilidades na sala de aula. 7. ed. Petrópolis: Vozes, 2012.

LIDWELL, William et al. *Princípios universais do design*. Porto Alegre: Bookman, 2010.

MATTAR, João. *Tutoria e interação em educação a distância*. São Paulo: Cengage Learning, 2012.

WURMAN, Richard Saul. *Ansiedade de informação*: como transformar informação em compreensão. 5. ed. São Paulo: Cultura Editores Associados, 1995.

PARTE III

Não lamente... faça!

 O planejamento

7.1 Introdução

As crescentes necessidades de competitividade, produtividade e qualidade dentro das organizações estão alterando a base técnica do sistema produtivo e empresarial, os quais estavam baseados nos modelos taylorista/fordista e que estão sendo gradativamente substituídos por um processo de trabalho resultante de um novo paradigma tecnológico, apoiado nas informações e nas ferramentas eletrônicas.

Dessa forma, os modelos educacionais atuais também estão baseados na concepção técnica taylorista/fordista, que, segundo Acacia Zeneida Kuenzer,[1] "têm por finalidade atender a uma divisão social e técnica marcada pela clara definição de fronteiras entre as ações intelectuais e instrumentais, em decorrência de relações de classe bem definidas que determinam as funções a serem exercidas por dirigentes e trabalhadores no mundo produtivo". Esses modelos estão passando por profundas alterações, adaptando-se às novas exigências sociais.

---

1 KUENZER, Acácia Zeneida. *Globalização e educação*: novos nesafios. ANAIS II DO IX ENDIPE – Encontro Nacional de Didática e Prática de Ensino, v. 1/1, p. 117, Águas de Lindoia, 4 a 8 de maio de 1998.

Uma nova pedagogia baseada na produção intelectual coletiva, em maior interatividade entre as pessoas, em maior autonomia, na ausência de barreiras, em uma concepção de "aprender fazendo", no uso crescente de novas tecnologias, desde computadores até as tecnologias mais recentes e complexas, e em maior integração entre as disciplinas está surgindo e tomando vulto nos principais centros educacionais no mundo.

Essa transformação imposta pela sociedade está abalando todo o sistema educacional atual, principalmente as escolas que formam seus professores. A maioria delas utiliza métodos tradicionais, fazendo com que o sistema se reproduza e deixando, portanto, as transformações sociais relegadas a segundo plano.

Em meio a tudo isso, a crescente disseminação e a utilização de recursos tecnológicos, principalmente computadores, em todos os setores de atividades fizeram com que essa nova ferramenta fosse introduzida no processo educacional. Porém, essa introdução está muito aquém do exigido pela sociedade, uma vez que tem na informática e nas tecnologias um dos fatores básicos de mudanças e reestruturação social. Muitas são as razões para a modesta presença do computador no meio educacional, mas a principal delas é a de que as escolas e seus dirigentes não sabem como fazer isso de forma correta e efetiva.

Não basta comprar centenas de computadores e colocá-los nas escolas. Todo um replanejamento do processo pedagógico se faz necessário, principalmente a mudança das crenças e técnicas do corpo docente atual para que não utilizem métodos convencionais junto com ferramentas modernas.

Introduzir essas novas tecnologias, principalmente os computadores, nas escolas é semelhante a trocar o pneu de um carro em movimento: não tem como parar para mudar. A mudança tem de acontecer em meio ao processo.

Vendo por esse ângulo e recordando a introdução da tecnologia nas empresas, verifica-se que um dos possíveis métodos para a introdução da tecnologia no sistema educacional é seguir o modelo de planejamento tecnológico empresarial, tomando apenas o cuidado de entender as particularidades desse novo setor de atividades e adaptar o plano a essa nova realidade.

Deve-se estar ciente de que planejar e implantar uma nova tecnologia é como atravessar uma densa floresta – nunca se sabe ao certo o que se vai encontrar pela frente. Deve-se, necessariamente, saber a direção para onde ir para poder, em meio às diversas dificuldades impostas pela floresta, fazer os desvios e correções de rota devidos, e assim, atingir o ponto desejado. Note que a quantidade de informações de que se dispõe sobre a floresta e todas as dificuldades que podem surgir garante a sobrevivência. Quanto menos informações se tem, menores são as chances de atravessar a floresta.

Quando se fala em planejar, logo se tem a ideia de estabelecer metas e objetivos tangíveis e pertinentes. A introdução da tecnologia nas escolas não deve ser encarada como um conjunto de ações que produzirão resultados imediatistas, mas sim de médio a longo prazo. Por isso, é necessário planejar muito bem essa implantação, estabelecendo metas e objetivos em todos os níveis, desde a coordenação, passando pelos docentes, chegando aos alunos e à sociedade.

Além de estabelecer uma linha de conduta coerente com os objetivos educacionais da instituição, o planejamento da tecnologia auxilia as escolas ou instituições a ter certeza de que seus investimentos em tecnologia estão trazendo os resultados esperados (financeiros e pedagógicos).

Há mais de 15 anos, o investimento em tecnologia era um processo duvidoso. Segundo Paul Strassman,[2] "só em 1996, empresas e governos investiram 1 trilhão e 76 bilhões de dólares em tecnologias da informação, e as 13 mil maiores empresas do mundo lucraram meros 750 bilhões de dólares". Ele complementa: "O importante não é o quanto se investe, mas como".

Mesmo hoje, as instituições de ensino não estão fora do rol das empresas citadas por Paul Strassman. Quando se analisam seus investimentos, o lucro muitas vezes acaba sendo o objetivo maior. Porém, quando isso acontece, a essência da educação acaba se perdendo, deixando de responder a sua função social, que deveria vir em primeiro lugar.

Quanto mais bem definidas forem as tarefas das pessoas, mais produtivas elas serão. Portanto, além de maior controle, o planejamento possibilita às organizações mais produtividade global.

---

2 STRASSMAN, Paul. *The squandered computer*. New Canaan, CT: The Information Economics Press, 1997.

7.2 O planejamento

O *planejar* é diferente do *adivinhar*. O planejamento é um exercício prático pelo qual as organizações buscam identificar-se, resultando em um plano que estabelece a fixação de objetivos maiores a serem atingidos a médio e a longo prazos.

De forma geral, pode-se assegurar que o planejamento – principalmente aquele estratégico, desenvolvido pela direção da instituição – busca definir mais claramente para toda a instituição *onde* ela está, *aonde* ela pretende chegar e *como* ela deve atingir os objetivos e metas estabelecidas, sendo que o item *como* deve ser definido à luz das reais possibilidades da instituição de criar ou mobilizar recursos financeiros, tecnológicos e humanos para executar, por exemplo, expansões, diversificações e criação de produtos e/ou serviços.

> No **Sistema Federal de Educação**, na educação superior, existe, desde 2004, um sistema de avaliação das Instituições de Ensino Superior conhecido como SINAES. Nesse processo cíclico de avaliações, as instituições pertencentes a esse sistema devem mostrar a capacidade de planejamento de suas ações. Três documentos devem refletir essa intenção institucional: o Projeto Pedagógico Institucional (PPI), o Plano de Desenvolvimento Institucional (PDI) e o Projeto Pedagógico de Curso (PPC).

O planejamento é um processo analítico que envolve avaliar o futuro com informações sobre o presente, seguindo uma certa lógica de evolução. Além disso, envolve a determinação dos objetivos desejados, o desenvolvimento de diversos cursos de ações alternativas e a escolha de determinada linha de atuação entre as muitas existentes. Isso leva as pessoas envolvidas no processo a ter várias visões da mesma realidade e a poder decidir, com base em dados reais e concretos, a direção a ser seguida pela organização.

Existem muitas metodologias de planejamento institucional, das mais simples às mais complexas. A seguir, apresentaremos uma metodologia de planejamento estratégico bastante tradicional e simples. Ela deve ser vista como uma etapa inicial. Os gestores das instituições devem encarar essa descrição – muito simples por sinal – como um primeiro contato e aprofundar-se em outras técnicas e metodologias de planejamento, a fim de poder escolher a mais adequada para suas competências e sua realidade.

7.3 Um exemplo de processo de planejamento (simples)

Esse processo de planejamento, mesmo sendo o mais simples que se pode encontrar em uma revisão da literatura, envolve diversas etapas. A primeira delas é a seleção e organização de um grupo de pessoas que será responsável pelo planejamento. A segunda é a definição ou conscientização do grupo para a missão organizacional. Na terceira etapa, deve-se fazer uma análise completa da situação atual da aplicação da tecnologia na instituição, através de uma análise dos ambientes e recursos internos e externos. A quarta etapa do planejamento é aquela em que a equipe, com base em todas as informações coletadas, constrói as oportunidades e ameaças trazidas com a introdução ou não da tecnologia na instituição – sempre, é claro, com o "pé no chão", visando não fugir das efetivas possibilidades e necessidades da organização.

Nesse momento, a equipe já possui uma certa identidade e já tem determinada quantidade de informações razoáveis; chegou a hora de fazer o levantamento das questões a serem planejadas, o que corresponde à quinta etapa do processo de planejamento, também conhecida por *determinação das metas e objetivos da tecnologia para a instituição*. A sexta é aquela em que se definem as políticas de adoção e atualização tecnológica. Nesse ponto, o plano está concluído. A sétima e última etapa, mas não menos importante, é a finalização do plano, isto é, sua efetiva implementação. Nesse processo de implementação, o envolvimento da equipe responsável pelo planejamento é fundamental, seja monitorando as diversas ações resultantes do plano original, seja alterando o curso das ações ou modificando recursos e informações.

A seguir, detalharemos cada uma das etapas citadas. Porém, é importante ressaltar que não é intenção esgotar o assunto, já que o propósito deste livro é apenas fornecer uma visão operacional da introdução dos computadores no sistema educacional.

1. Seleção e organização da equipe de planejamento.

A seleção e a organização da equipe que será responsável pelo planejamento tecnológico institucional é uma das etapas mais importantes de todo o processo, pois é dela que dependerá o sucesso ou o fracasso do curso das ações propostas.

Ao formar essa equipe, devem-se levar em conta as experiências pessoais, o grau de envolvimento com a instituição, a visão de futuro, a criatividade e a visão estratégica/mercadológica de cada indivíduo. Além disso, as áreas de especialidade dos integrantes da equipe, quando somadas, devem ser as mais abrangentes possíveis. Dessa forma, propomos a seguinte distribuição de pessoas e especialidades/funções dentro da instituição:

- um responsável global (geralmente um dos diretores ou dirigentes da instituição);
- dois especialistas em tecnologia (geralmente professores da área de tecnologia, com larga experiência na implantação de tecnologias nas empresas);
- dois especialistas pedagógico-curriculares (geralmente coordenadores ou orientadores pedagógicos da instituição, com larga experiência em mudanças curriculares e planejamentos pedagógicos);
- dois especialistas em rotinas administrativas (geralmente colaboradores locados na área administrativa da própria instituição);
- dois especialistas em estratégia e mercadologia (geralmente professores da área de Ciências Gerenciais ou consultores externos).

A participação desses profissionais é de fundamental importância para a tomada de consciência de questões envolvendo mercado, clientes e concorrência, dando, assim, maior relevância ao processo, além de integrar ao planejamento muitas outras visões, antes relegadas apenas ao mundo empresarial.

Uma vez formada a equipe que vai conduzir os trabalhos, e tendo envolvido e direcionado toda a instituição, deve-se fazer com que todos os integrantes da equipe falem "a mesma língua" e tenham as mesmas metas e objetivos. Passamos, assim, para a segunda etapa do planejamento.

2. Definição e/ou conscientização da equipe para a missão e visão institucional e estabelecimento da missão da equipe.

Uma forma de obter sucesso em qualquer empreendimento é ter claramente definida a concepção estratégica do negócio, base para a orientação dos esforços de todos. Para tanto, devem-se determinar claramente a *missão* e a *visão* da organização, para, a partir disso, articular as regras de utilização da tecnologia. Ainda que sejam ações complementares e integradas, o que tem levado a muitas interpretações inadequadas sobre a validade na distinção dos conceitos, existem diferenças reais entre *missão* e *visão* que não devem ser deixadas de lado. Ambas dizem respeito ao estabelecimento de uma forte estratégia única e devem ser vistas como uma etapa fundamental para garantir a orientação dos esforços de todos.

A visão é o que se sonha para o negócio. É a certeza de que sempre haverá um futuro inatingível a orientar o pensamento de todos. É a capacidade de "ver" um destino capaz de servir de referência para a busca do sucesso das organizações. Pela sua natureza, a visão deve ser o mais perene possível, não sendo alterada ao longo da existência da organização.

Já a missão é a declaração dos objetivos que orientarão os esforços internos para a conquista e a manutenção do sucesso. De forma geral, é ela que orienta o conjunto de esforços que deverão ser realizados por todos na busca permanente do futuro sonhado pela visão.

Nesse caso, pode-se dizer que a visão é o "passaporte" para o futuro, enquanto a missão é a "carteira de identidade" da empresa; a visão energiza a empresa, enquanto a missão dá rumo a ela; a visão é inspiradora, enquanto a missão é motivadora.

Na determinação da missão, tenta-se expressar o curso para o futuro da organização; decidir a respeito da(s) oportunidade(s) estratégica(s) a que a organização deve se dedicar e outros assuntos fundamentais que vão guiá-lo e caracterizá-lo. Comumente, a missão é duradoura, mas pode ser alterada em função das mudanças que possam vir a ocorrer nos ambientes interno e externo da organização.

A definição da missão serve para orientar a tomada de decisão, definir objetivos e ajudar nas escolhas das decisões estratégicas. De forma geral, a missão consiste na razão de existência da organização e na delimitação de suas atividades dentro do espaço que deseja ocupar em relação às oportunidades de negócio.

A declaração de visão e/ou missão da organização socialmente responsável frequentemente vai além do propósito "lucrar" ou "ser o melhor", e especifica que ela procurará agregar valor a todos os envolvidos no ambiente organizacional: acionistas/proprietários, funcionários, clientes, fornecedores, comunidades e o próprio meio ambiente. Na declaração da missão/visão, a organização deve esquecer os números, pois estes devem ser consequência do atendimento da missão/visão, e nunca seu objetivo.

Na área educacional/tecnológica, podemos destacar a missão de algumas organizações:

- **Universidade Estadual de Campinas (Unicamp):** Promover o bem-estar físico, espiritual e social do homem.

- **Pontifícia Universidade Católica de Campinas (Puccamp):** Promover a formação integral, respondendo a todas as indagações e inquietações do homem e da sociedade; realizar pesquisas e estimular as atividades criadoras nas ciências, letras e artes; ministrar ensino em grau superior, formando profissionais e especialistas; estender o ensino e a pesquisa à comunidade, mediante cursos ou serviços especiais.

- **Fundação Victor Civita:** Contribuir para o desenvolvimento do Brasil através de iniciativas culturais e educacionais que possam permitir que o futuro chegue mais rapidamente para crianças e adultos.

- **NEC do Brasil:** Contribuir, através da excelência de seus produtos, em parceria com clientes e fornecedores, para a evolução da sociedade em direção ao entendimento entre as pessoas e ao permanente desenvolvimento do potencial humano.

- **Harvard Bussines School:** Educar Líderes que fazem diferença no mundo.

- **Microsoft:** Permitir às pessoas e empresas de todo o mundo a concretização de seu potencial.

A visão organizacional segue a mesma linha; entretanto, ela é mais voltada ao "como a sociedade, principalmente os clientes, veem a organização". Na organização, a declaração de visão existe para lembrá-la do caminho que tem de tomar e do que ela deseja ser. Em seu conjunto,

105

essa declaração é a bússola de seu negócio. Alguns exemplos de visão podem ser os seguintes:

- **Microsoft**: Disponibilizar às pessoas *software* de excelente qualidade, a qualquer momento, em qualquer local e em qualquer dispositivo.
- **3M**: Ser reconhecida como uma empresa inovadora e a melhor fornecedora de produtos e serviços que atendam ou excedam às expectativas dos clientes.
- **Itaú**: Ser o banco líder em *performance*, reconhecimento sólido e confiável, destacando-se pelo uso agressivo do marketing, tecnologia avançada e por equipes capacitadas, comprometidas com a qualidade total e a satisfação dos clientes.

Uma vez definida e/ou difundida a missão e a visão à equipe, chegou o momento da definição da "missão da equipe", isto é, o que realmente se espera do grupo no que diz respeito à implantação da tecnologia na instituição. São essas definições que direcionarão os trabalhos da equipe de planejamento, fazendo com que todos trabalhem na mesma direção.

Para finalizar essa etapa, apresenta-se mais um exemplo de missão institucional, nesse caso, especificamente no que se refere à introdução da tecnologia na educação. É um trecho extraído do planejamento tecnológico de uma Escola Comunitária nos Estados Unidos chamada Sycamore (Sycamore Community Schools): "A fim de preparar todos os nossos estudantes para serem cidadãos produtivos no século XXI, as Escolas Comunitárias Sycamore utilizarão computadores e outras novas tecnologias para a integração curricular e na melhoria da qualidade pedagógica".[3]

3. Análise da situação atual - ambientes e recursos internos e externos.

É nesse ponto que deve ser determinado *onde* se está, buscando definir o ponto de partida para o processo de introdução da tecnologia na instituição. Essa etapa deve-se iniciar por um inventário tecnológico, que deverá ter registrado não apenas os equipamentos, mas também

---

3 BAULE, Steven M. *Technology planning*. Michigan: Linworth Publishing, 1997. p. 9.

todas as instalações e pessoas envolvidas direta ou indiretamente com a tecnologia.

Uma vez verificado o ambiente interno, chegou a hora de olharmos o ambiente externo, ou seja, qual o direcionamento do mercado, o que nossos concorrentes estão fazendo e o que nossos clientes esperam da nossa instituição. Isso deve ser feito através de uma profunda coleta de informações, utilizando diversas fontes. Quanto mais informações e fontes existirem, maior precisão terá o plano.

4. Identificação das oportunidades e ameaças.

Com base em todas as informações coletadas, a equipe deve se reunir e discutir as questões envolvendo o nível de desenvolvimento tecnológico atual da instituição, as informações sobre os ambientes interno e externo e o grau adequado de informatização para a instituição, tudo isso tomando como base o momento presente e projetando-o no futuro. Devemos lembrar que o planejamento é de médio a longo prazo. Um dos erros mais frequentes é planejar o futuro atendo-se ao presente. Essa desvinculação é fundamental para o sucesso do plano.

Tomando como base o levantamento de ameaças e oportunidades no processo de introdução ou não da tecnologia na instituição como um todo, a equipe chegará a um resultado que possibilitará a decisão do grau de informatização mais adequado para a instituição.

5. Determinar os objetivos e metas organizacionais.

Na etapa anterior, foram identificadas as oportunidades e as ameaças da introdução ou não da tecnologia na instituição. De forma bem simples, o planejamento visa responder detalhadamente a cada um dos itens identificados na etapa anterior. Para cada uma das oportunidades busca-se um objetivo, que, por sua vez, é formado por uma ou várias metas para as quais a organização deve direcionar seus esforços.

A mesma coisa acontece para as ameaças. Devem-se buscar formas de evitá-las ou solucioná-las, caso venham a ocorrer, com metas bem estabelecidas para um controle efetivo da situação.

Assim, no nosso caso, esta etapa deve contemplar não só os objetivos e metas de cada uma das oportunidades e ameaças, mas também estabelecer uma relação com os diversos usos das tecnologias educacional e administrativa, além dos índices de produtividade, qualidade e interesse esperados não só pelo professor, mas também por todos os funcionários envolvidos e, principalmente, pelos alunos. Isso deve ser feito da forma o mais detalhada possível. O *benchmarking* é uma poderosa ferramenta para essa etapa.

6. Formular a filosofia/políticas organizacionais de tratamento e atualização tecnológica.

Nesta etapa é que se verificam e se estabelecem as crenças, os valores, as atitudes e normas que não estão escritos em lugar algum, mas que contribuem para "a forma como fazemos as coisas aqui". Com base na filosofia organizacional, devem ser desenvolvidas as políticas organizacionais, que nada mais são do que planos de ação que vão guiar o desempenho das principais atividades e levar a cabo a estratégia.[4]

O processo de planejamento e o de tecnologia não são diferentes; ambos devem obrigatoriamente contemplar essa fase, pois dela depende o sucesso ou o fracasso da implementação do plano. De nada adianta elaborar um planejamento para uma realidade divergente da filosofia/política organizacional vigente. Por isso, o envolvimento dos níveis decisórios mais elevados é importante para que o plano não destoe da linha política/filosófica seguida pela instituição.

Um dos pontos mais polêmicos na determinação da política de atualização tecnológica é o percentual monetário destinado a cada subgrupo tecnológico. Uma distribuição muito utilizada por diversas instituições de ensino é a 10-3-3-1, na qual os números correspondem aos pesos destinados a cada um dos recursos tecnológicos existentes. Quanto maior o peso, maior o investimento. O peso 10 é associado ao *hardware*; o 3 corresponde ao *software* e às pessoas envolvidas com a disseminação tecnológica institucional; e o 1 associa-se ao processo de manutenção da tecnologia, seja ela preventiva, seja corretiva.

Percentualmente, temos a seguinte classificação da distribuição mencionada: *hardware*: 58,8%; *software*: 17,6%; treinamento/desenvolvimento do pessoal: 17,6%; e manutenção: 5,9%.

---

4 CERTO, S. C.; PETER, J. P. *Administração estratégica*: planejamento e implantação da estratégia. São Paulo: McGraw-Hill, 1993. p. 10.

7. Implementação, evolução e revisão do plano.

Uma vez elaborado, ele deve ser aprovado pela direção da organização. Só depois disso os participantes do planejamento e da direção devem construir, em conjunto, as regras básicas de implementação do plano, estipulando as diversas tarefas e responsabilidades dos vários coordenadores ou chefes de área. O responsável geral pelo planejamento coordenará também a ação de todos os membros participantes da execução do plano.

A implementação não é a fase final do planejamento – um planejamento em tecnologia nunca chega ao fim. A tecnologia sofre rápidas mudanças, o que torna necessário a revisão periódica do planejamento. As atividades devem ser monitoradas constantemente e ajustadas quando necessário; deve-se ter sempre em vista o alcance ou a superação dos objetivos traçados. Recomenda-se uma revisão formal do planejamento a cada seis meses. A validade do plano não pode superar 12 meses.

O processo de planejamento da tecnologia em instituições de ensino é apresentado de forma esquemática na figura a seguir.

Figura 7.1 Processo de planejamento da tecnologia educacional

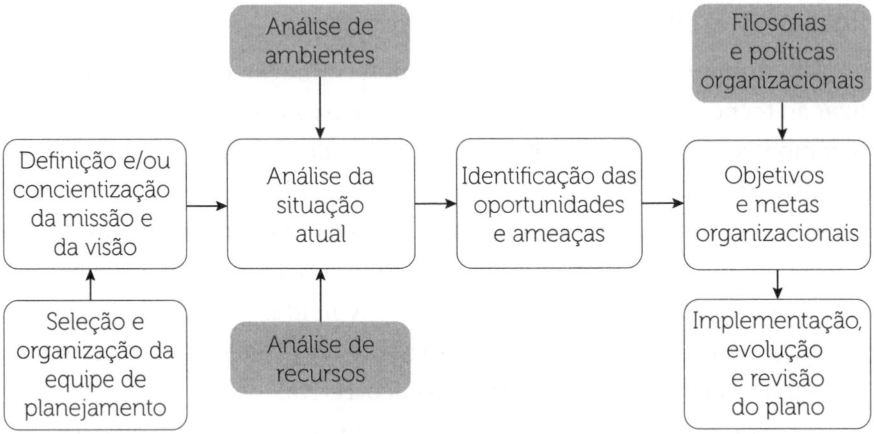

Esse processo é o divisor de águas entre as instituições que buscam uma correta integração da tecnologia e aquelas que apenas utilizam a tecnologia como mais uma apelo de marketing. Afinal, dizer que a instituição possui laboratórios de informática "ainda" atrai a atenção dos pais.

PARA SABER MAIS

Missão

"Toda empresa realiza alguma atividade num ambiente bem amplo, e sua missão específica, ou objetivo, em geral, ficam claros desde o início. Com o passar do tempo, a missão da empresa, apesar de ainda ser clara, faz com que alguns administradores não se interessem por ela, e a missão, mesmo bem definida, perde em importância diante de novas condições do ambiente. Pode acontecer, também, que a missão perca a clareza com o crescimento da empresa e o surgimento de novos produtos e mercados, como foi o caso recente da American Can, colocando seu principal negócio à venda, ou o caso da Uniroyal, que está aos poucos deixando o negócio de pneus. Em síntese, essas empresas estão redefinindo sua missão. A direção da empresa, ao perceber que as coisas não vão indo bem, tem de achar um novo caminho. A esse respeito, Peter Drucker sugere que se façam as seguintes perguntas-chave: Qual é o nosso negócio? Quem é o nosso cliente? O que é importante para o cliente? Qual será o nosso negócio? Qual deveria ser o nosso negócio? Essas perguntas-chave são muito difíceis de responder, mas as empresas bem-sucedidas são aquelas que fazem essas perguntas com frequência e dão respostas a elas de modo cabal e completo.

A missão da empresa compreende cinco elementos. Primeiro: história, em termos de objetivos, políticas e realizações. Ao definir seu objetivo, a empresa não precisa partir literalmente do seu passado. Assim, não teria o menor sentido a Universidade de Harvard abrir faculdades para cursos de dois anos, mesmo que isso representasse oportunidade de crescimento. O segundo elemento: as intenções atuais da direção e dos proprietários da empresa, pois os diretores têm perspectivas e metas pessoais. Exemplo: se a direção da Sears está preocupada em atender clientes de alta renda, isso vai influenciar a definição da missão da empresa. O terceiro elemento são os fatores ambientais, pois o ambiente aponta as principais oportunidades e ameaças que afetam o negócio da empresa. Assim, as jovens bandeirantes norte-americanas não sensibilizariam ninguém se adotassem hoje o antigo lema: "Preparar as jovens para serem mães e donas de casa". O quarto elemento são os recursos da empresa, capazes de viabilizar ou não alguns tipos de missão da própria empresa. Assim, a Piedmont Airlmes estaria iludindo a si mesma se dissesse que iria ser a nº 1 do mundo. Finalmente, o quinto elemento da missão da empresa são suas competências distintas. Significa que o McDonald's poderia entrar no negócio de energia solar, mas não usaria sua competência maior, que é oferecer alimentação rápida e de custo baixo a grandes grupos de consumidores. As empresas definem suas missões para serem divulgadas junto aos administradores, empregados e até mesmo clientes e outras partes interessadas. Quando a missão é bem definida, o resultado final é compartilhado em termos de oportunidade, direção, significado e realização, pois uma definição bem clara da missão funciona como "mão invisível" capaz de unir pessoas separadas geograficamente para trabalhar de forma independente e coletivamente para realizar as metas da empresa. Não é fácil definir a missão da empresa. Às vezes leva um ou dois anos apenas para preparar o esboço da missão e, nesse processo, as empresas aprendem muito sobre si mesmas e suas oportunidades em potencial. A definição da missão deve englobar algumas características de ordem prática, abordando alguns valores distintos em vez de abordar o todo. Por exemplo, a missão de "querer produzir os melhores produtos, oferecer o melhor serviço, atingir todos os pontos de distribuição e vender barato", apesar de boa, não diz muito, pois não oferece indicação de como chegar a esses resultados concretos. [...]"[5]

Planejamento estratégico

"O planejamento estratégico caracteriza-se por interligar as necessidades sociais com as finalidades da organização. [...] Operacionalmente, parte-se de informações sobre o ecossistema e capacitações internas da organização (como recursos disponíveis de conhecimentos, equipamentos, dinheiro etc.), e, de acordo com processos criativos e decisórios, planeja-se um estado futuro consubstanciado pelo plano estratégico. O modelo básico é o das variáveis culturais, estabelecendo-se os produtos e processos, as estruturas e normas e, implicitamente, os sentimentos permitidos. Portanto, o planejamento estratégico determina as linhas mestras da nova cultura ou modificação da existente. Deve-se destacar que, diferentemente de ser aplicável só às multinacionais ou às corporações, o planejamento estratégico é válido para qualquer tipo de organização, desde que se façam ajustes de acordo com o porte de cada uma delas. Talvez a ideia dessa limitação decorra da origem do termo, a dos planos militares para a conquista de nações, e, também, do seu uso por autores voltados para a administração das corporações norte-americanas, como Ackoff, Drucker e Ansoff."[6]

---

5 KOTLER, Philip. *Administração de marketing:* análise, planejamento, implementação e controle. 3. ed. São Paulo: Atlas, 1994. p. 67.

6 BERNARDES, Cyro. *Teoria geral das organizações:* os fundamentos da administração integrada. São Paulo: Atlas, 1993. p. 267.

ATIVIDADES PROPOSTAS

1. Analisando as mudanças no mercado de trabalho, responda: na sua opinião, quais seriam as mudanças necessárias no sistema educacional para que haja mais integração entre o mercado e o ensino?

2. Alguns dirigentes escolares, diante da implantação da tecnologia, só atentam para a questão do retorno sobre o investimento, não se preocupando com o lado pedagógico e social do processo. Em grupo, discutam as consequências disso e construam um plano de ação para a conscientização desses dirigentes.

3. Discuta e faça uma lista das consequências que a mudança de exigência do mercado de trabalho pode trazer para a sua região, cidade ou sociedade.

4. "O planejar é diferente do adivinhar". Discuta em grupo essa frase, justificando o seu significado.

BIBLIOGRAFIA SUGERIDA

BAULE, Steven M. *Technology planning*. Worthingon, Ohio: Linworth Publishing, 1997.

BERNARDES, Cyro. *Teoria geral das organizações*: os fundamentos da administração integrada. São Paulo: Atlas, 1993.

KOTLER, Philip. *Administração de marketing*: análise, planejamento, implementação e controle. 3. ed. São Paulo: Atlas, 1994.

LÉVY, Pierre. *As tecnologias da inteligência*: o futuro do pensamento na era da informática. São Paulo: Editora 34, 1993.

MICROSOFT CORPORATION. *Informática na escola*: guia de planejamento para informatização de escolas de 1º e 2º graus. Microsoft Informática Ltda., 1997.

ROBLYER, M. D. et al. *Integrating educational technology into teaching*. New Jersey: Prentice-Hall, 1997.

CAPÍTULO 8

▶ Mudança de postura das pessoas envolvidas

Como foi dito no Capítulo 7, as mudanças que estão ocorrendo no mercado de trabalho, advindas do crescimento das necessidades de competitividade, produtividade e qualidade – especialmente devido à revolução das **telecomunicações** – estão ocasionando grandes alterações na base técnica do sistema produtivo e empresarial das organizações.

> **Telecomunicações** é um termo bastante genérico que designa a transmissão de informações de qualquer tipo de um ponto a outro, independentemente da localização física deles.

Um novo modelo, baseado principalmente no conhecimento coletivo, está alterando as estruturas convencionais do mundo empresarial.

Segundo Peter Drucker,[1] o conhecimento não é apenas outro recurso aliado aos fatores tradicionais da produção, como mão de obra, capital e terra; para ele, o **conhecimento** é o único recurso significativo que temos nos dias de hoje. Consequentemente, o "trabalhador do conhecimento" é o maior trunfo de qualquer organização.

---

1 DRUCKER, Peter F. *Post capitalist society*. New York: HarperCollins, 1993.

> **Conhecimento** é o discernimento, critério ou apreciação de objetos, caracterizando um modo de distinguir ou de reconhecer.

Dessa forma, os meios de produção estão gradativamente deixando de focar somente o ponto de vista físico e passando a valorizar o ser humano como importante componente desse processo.

Com o lema "torne seus próprios produtos obsoletos" em uma reunião de orientação estratégica organizacional, ficou claro para os engenheiros, estrategistas, gerentes e desenvolvedores da Microsoft que, a partir do momento em que lançarem um produto novo, eles deverão, o mais rápido possível, criar algo que supere o primeiro, pois, se não o fizerem, outros farão. Essa necessidade de renovação constante, de inovação continuada é o combustível propulsor das organizações competitivas.

Agregados a isso estão a globalização da economia (quebra das barreiras territoriais), o imediatismo (quebra das barreiras temporais) e a virtualização (quebra das barreiras físicas).

Além dessas mudanças, o desemprego e as novidades tecnológicas estão obrigando muitos trabalhadores a repensar suas carreiras. O século XXI já chegou, e com ele veio a obrigação de revisar as habilidades relacionadas ao perfil dos profissionais para a nova dinâmica desse mercado.

Inquestionavelmente, reorientar toda a força de trabalho hoje existente para as novas exigências do mercado será a grande missão dos governantes – não só no Brasil, mas no mundo. Chegou a hora de enfrentar o fantasma da ignorância, pois não existe avanço tecnológico ou modernidade que funcione sem cérebros bem preparados.

Essa nova forma de pensar e agir está modificando as relações sociais e, consequentemente, toda a sociedade. Não se trata apenas de passar de uma cultura para outra, mas sim de uma humanidade para outra. Como coloca muito bem Pierre Lévy,[2]

> [...] ao contrário do que ocorreu no momento do nascimento de nossa espécie, ou por ocasião da primeira grande mutação antropológica (a do Neolítico, que viu surgir a

---

2 LÉVY, Pierre. *A inteligência coletiva*: por uma antropologia do ciberespaço. São Paulo: Loyola, 1998. p. 15.

pecuária, a agricultura, a cidade, o Estado e a escrita), temos agora a possibilidade de pensar coletivamente essa aventura e influenciá-la.

Os modelos educacionais atuais, quando colocados diante de tais transformações sociais, tornam-se insuficientes e ineficientes, pois estão baseados na concepção técnica taylorista/fordista, do início do século. Mas se os modelos são inadequados à realidade em que vivemos, basta alterá-los. Bem, isso não é tão simples assim...

Todos nós temos como característica repetir o que nos foi ensinado, o que vivenciamos. Assim, esse **sistema** vem se repetindo geração após geração.

> **Sistema** é um grupo de itens que interagem entre si ou que são interdependentes, formando um todo unificado.

A nova ordem mundial quebrou essa estrutura, forçando as pessoas a pensarem e a se organizarem de forma diferente. Assuntos como ética, solidariedade, interdisciplinaridade, informática, criatividade, autodisciplina, internet, cidadania, trabalho em grupo já fazem parte do dia a dia das pessoas e, consequentemente, das salas de aula. E o que aconteceu com os professores? Eles, em sua maioria, não estão preparados para ensinar isso de forma eficiente e efetiva. Por que não? Porque eles não vivenciaram essas realidades, não cresceram com elas, não foram introduzidos a esses conceitos quando da formação de sua personalidade.

Fica muito difícil trabalhar algo não vivenciado, algo que não está incorporado a nossa personalidade, a nosso conjunto de valores.

Além disso, a introdução dos computadores no processo de ensino desafia as crenças dos professores sobre suas identidades, como suas bases de autoridade e sua noção sobre o valor que agregam ao ensino. Quem já não ouviu um professor reclamar do mau comportamento dos alunos? Da falta de disciplina? Da falta de paciência? Pudera. Para essa nova geração, que cresce em um mundo repleto de meios de comunicação e num mar de informações, tolher seu direito de se comunicar, ter de ficar de boca fechada, praticamente paralisado, sentado em uma cadeira desconfortável por mais de quatro horas todos os dias, ouvindo um adulto falar o tempo todo, é praticamente uma tortura.

E ai deles se não ficarem assim... A prova será mais difícil, receberão pontos negativos, serão enviados para a Diretoria, receberão suspensões etc. Serão severamente punidos por não respeitarem o ritmo, a forma e o conteúdo impostos pelo professor, aquele "ser" único e soberano perante todos os alunos.

A tecnologia, principalmente os computadores, é uma forma de romper essa barreira, esse método único de lecionar.

Como já mencionado, o ponto central para obtenção da eficiência e eficácia no processo de introdução de computadores em sala de aula é trabalhar o conjunto de **valores** de cada professor. Esses valores determinam uma variedade de interpretações sobre o mundo que cerca os professores e, consequentemente, uma variedade de interpretações no processo de integração dos computadores aos currículos.

> **Valor** é caracterizado pela não indiferença entre o sujeito que aprecia e o ser que se apresenta como objeto de apreciação. Os valores podem ser *positivos* ou *negativos*. Dessa forma, os valores pessoais são características (geralmente intrínsecas) que uma pessoa (quando na posição de observadora) percebe em outra.

Dessa forma, os professores deverão, além de aceitar trabalhar com uma nova ferramenta didático-pedagógica, melhorar sua postura perante os alunos, passando de únicos detentores do saber a facilitadores do aprendizado.

Sem dúvida, a utilização de ambientes de aprendizado não se aplica apenas às crianças (alunos), mas também aos professores. Quando os professores entram no processo de "aprender como se integra a tecnologia em sala de aula", os fatores mais importantes são explorar e refletir sobre a aplicação da tecnologia nas mais variadas atividades, colaborar com os colegas e participar de aprendizagem prática.

Recentemente, uma pesquisa realizada nos Estados Unidos, mais precisamente em dois distritos do Estado de Nova York,[3] revelou quatro diferentes grupos de professores quando da introdução da tecnologia em sala de aula.

---

3 HONEY, M.; MOELLER, B. Teacher's beliefs and technology integration: different values, different understandings. *CTE Technical Report Issue*, n. 6, ago. 1990.

O primeiro grupo, dos professores que tiveram experiências bem-sucedidas de utilização da tecnologia em sala de aula, era bastante homogêneo. Era composto por pessoas que utilizavam o processo voltado à prática, tinham objetivos e crenças centrados nos alunos (isto é, métodos de inquisição, ensino colaborativo e práticas manuais) para estimular o uso criativo das tecnologias, baseadas em computadores, em suas salas de aula.

O outro grande grupo – o dos professores que, por algum motivo, ignoraram o uso dos computadores integrados ao seu currículo – tinha uma tendência mais heterogênea, por isso foi dividido em três subgrupos. Os professores do primeiro subgrupo, cujas crenças educacionais eram centradas nos alunos, eram relutantes em usar tecnologias informacionais, devido a seus medos e inibições pessoais. Os professores do segundo subgrupo, cujas práticas de ensino e objetivos educacionais tinham uma base muito mais tradicional, eram relutantes em usar computadores por duas razões: de um lado, eles temiam que a tecnologia pudesse alterar a relação de controle e autoridade com seus alunos; de outro, possuíam muitos afazeres e não tinham tempo para "aprender" a utilizar a ferramenta chamada computador. Os professores do terceiro subgrupo, cujas práticas eram centradas nos alunos, certamente poderiam utilizar os computadores integrados a sua disciplina. Porém, os equipamentos não estavam disponíveis, ou eles tinham problemas de horário para utilizar o laboratório.[4]

Como se pode perceber, essa pesquisa procura mostrar que existe uma relação entre os objetivos e metas educacionais da instituição e, principalmente, dos professores e as maneiras como as tecnologias baseadas em computadores são integradas às práticas de ensino.

As instituições de ensino não só precisam continuar estendendo os recursos (dinheiro e pessoas) para seus programas tecnológicos, como também adotar estratégias flexíveis o bastante para satisfazer às diferentes necessidades dos diversos grupos de professores. A falta dessa preocupação – a de tentar adotar processos de aplicação da tecnologia de forma única, desrespeitando as diferenças individuais das pessoas

---

4 PIVA JR., Dilermando; FERNANDES, Gisele de Castro. *A informática na era da educação*: uma reflexão de educador para educador. Campinas: People, 1998.

envolvidas no processo – é um desrespeito para com alunos, professores e a própria sociedade.

Ao sistema educacional cabe a grande missão de preparar os futuros cidadãos. Se nós desenvolvermos e implementarmos métodos e técnicas que desrespeitem a individualidade hoje, que tipo de cidadãos teremos amanhã?

PARA SABER MAIS

Globalização

"Vem antes de mais nada sob o nome de *mundialização* e de *globalização*. Trata-se de um processo irreversível. Representa indiscutivelmente uma etapa nova na história da Terra e do ser humano. Estamos superando os limites dos Estados-nações e rumando para a constituição de uma única sociedade mundial, que mais e mais caminha numa direção central para as questões concernentes a todos os humanos, como a alimentação, a água, a atmosfera, a saúde, a moradia, a educação, a comunicação e a salvaguarda da Terra.

É verdade que estamos ainda na fase da globalização competitiva, oposta à globalização cooperativa, que supõe uma outra economia estruturada ao redor da produção do suficiente para todos: seres humanos e demais seres vivos da criação. Mas ela preenche uma condição fundamental: criar as bases materiais para as outras formas de mundialização, mais importantes e necessárias."[5]

Futuros cidadãos

"Existem muitos bons motivos para justificar a introdução de informática na educação, desde os argumentos

---

5 BOFF, Leonardo. *O despertar da águia*: o diabólico e simbólico na construção da realidade. Petrópolis: Vozes, 1998. p. 38.

mais pragmáticos (preparar a próxima geração para as ferramentas que serão importantes no futuro) até os argumentos mais genéricos (disponibilzar aos jovens 'pulos cognitivos' na sua aprendizagem, que apenas as modernas estruturas não lineares de computadores permitem). Mas acredito que descobri um novo motivo: conscientização regional. O contexto dentro do qual isso ocorre é o seguinte. Estou lendo, no momento, o mais novo livro do físico austríaco Fritjof Capra, autor das conhecidas obras seminais *O Tao da Física* e *O Ponto de Mutação*. Sua nova contribuição, *The Web of Life* (*A Teia da Vida*; New York: Anchor, 1996), argumenta convincentemente que a biologia está substituindo a física como a ciência principal para a compreensão do universo, do ambiente terrestre e dos assuntos que dizem respeito aos seres humanos. O estudo da biologia, diz Capra, leva ao pensamento sistêmico, a ver contextos dentro de contextos, a entender transformações de todos os tipos. [...]"[6]

---

6 LITTO, Fredric M. *Computadores:* Cartagena e conscientização regional. Projeto Aprendiz do Futuro. Disponível em: <http://www.aprendiz.com.br>. Coluna no projeto Aprendiz do Futuro, entre os dias 7 e 13 de setembro de 1997.

ATIVIDADES PROPOSTAS

1. Faça uma lista dos valores que você possui e reflita a respeito deles. Compare-os com a nova realidade em que vivemos e estabeleça uma estratégia de alteração dos valores que estão em defasagem com essa realidade. Troque essa estratégia com outros educadores e verifique se existe alguma similitude entre as várias estratégias.

2. Em grupo, discuta os paradigmas educacionais aprendidos em sua formação. Eles ainda estão presentes na realidade educacional? Se não, quais os novos paradigmas?

3. Relembre ou observe dois professores lecionando: aquele de quem você gostava e aquele que você detestava. Faça uma avaliação e relate os "porquês" envolvidos no processo de ensino do professor de que você gostava; depois, faça o mesmo com aquele que você detestava. Faça uma comparação entre eles, identificando os pontos de discordância. Aplique essa pesquisa a sua vida profissional ou pessoal.

BIBLIOGRAFIA SUGERIDA

BOFF, Leonardo. *O despertar da águia*: o diabólico e simbólico na construção da realidade. Petrópolis: Vozes, 1998.

DIMENSTEIN, Gilberto. *Aprendiz do futuro*: cidadania hoje e amanhã. São Paulo: Ática, 1997.

DRUCKER, Peter F. *Post Capitalist society*. Harper Collins: Nova York, 1993.

HONEY, M.; MOELLER, B. Teacher's belief and technology integration: different values, different understandings. *CTE Technical Report Issue*, n. 6, ago. 1990.

LÉVY, Pierre. *A inteligência coletiva*: por uma antropologia do ciberespaço. São Paulo: Loyola, 1998.

PIVA JR., Dilermando; FERNANDES, Giselle de Castro. *A informática na era da educação: uma reflexão de educador para educador*. Campinas: People, 1998.

WURMAN, Richard Saul. *Ansiedade de informação*: como transformar informação em compreensão. 5. ed. São Paulo: Cultura Editores Associados, 1995.

CAPÍTULO 9

▶ A integração da tecnologia

A integração da tecnologia educacional refere-se ao processo que determina qual ferramenta eletrônica e quais métodos de implementação dessas ferramentas são apropriados, dada determinada situação ou problema de uma sala de aula, seja ela física, seja virtual.

Muitos educadores contestam o uso de ferramentas eletrônicas no processo de ensino-aprendizagem, alguns deles movidos pela ignorância das reais potencialidades desses novos recursos, outros movidos pelo medo. Nessa discussão são evidenciados alguns pontos importantes: a preocupação com a dependência tecnológica, o tratamento da tecnologia como meio e não como fim do processo de ensino, o incremento do individualismo, entre outros.

Observa-se também que, no Brasil, a exemplo dos países em desenvolvimento, ainda existe muita resistência à utilização da tecnologia no ensino. Essa situação é agravada pela descontinuidade política na área educacional, pois cada governo tem uma prioridade. Será que as pessoas que impõem uma certa resistência estão erradas em pensar assim?[1]

---

1 PIVA JR., Dilermando; CASTRO, Gisele Fernandes. *A informática na era da educação*: uma reflexão de educador para educador. Campinas: People, 1998.

Thomas Edison previu que "as imagens em movimento revoluciona-riam o sistema educacional e em pouco tempo superariam em muito – se não totalmente – o uso de livros-texto".[2]

Há algum tempo, William Leverson, diretor da estação de rádio das escolas públicas de Cleveland, nos Estados Unidos, dizia que "com o passar dos anos, um aparelho de rádio será tão comum nas salas de aula, quanto o quadro-negro".[3] Os ex-presidentes Bill Clinton (Estados Unidos) e Fernando Henrique Cardoso (Brasil) anunciaram, em seus governos, programas de informatização das escolas públicas. Para o ex-presidente americano, os computadores, num futuro próximo, farão mais parte das salas de aulas do que as próprias lousas.

Se a história se repetir, as escolas terão sérios problemas. Segun-do Larry Cuban, professor da área de Educação da Universidade de Stanford, a aplicação da tecnologia na educação pode ser decomposta em vários ciclos e, em todos eles, sua aplicação não alcançou o grau de expectativa gerado no início. O ciclo se inicia com grandes promessas geradas pelos centros de pesquisa. Na sala de aula, os professores não utilizam adequadamente essa nova ferramenta, e nenhuma melhoria significativa ocorre.[4]

Tentando não repetir os erros cometidos no passado, o questiona-mento quanto à probabilidade de a utilização dos computadores em sala de aula ocorrer da mesma forma que a TV ou o rádio é bastante factível. É comum ouvirmos respostas do tipo "Os computadores podem fazer as mesmas coisas, porém, melhor". Entretanto, essas respostas não justificam sua introdução.

Quando saímos a campo e analisamos a introdução de novas tecno-logias no ensino, constatamos que não só estão sendo pouco utilizadas, mas também mal utilizadas. Sem dúvida, existem exceções a essa fala, marcadas principalmente pelas instituições educacionais que atendem à "nata social".

---

2 SOUZA, H. A. G. *Documentário, realidade e semiose*: os sistemas audiovisuais como fontes de conhecimento, São Paulo: Annablume: Fapesp, 2001.

3 OPPENHEIMER, Todd. The computer delusion. *The Atlantic Monthly*, v. 280, n. 1, p. 45-62, jul. 1997.

4 CUBAN, L. *Teachers and machines*: the classroom use of technology since 1920. NY: Teachers College Press, 1986.

Por um lado, os computadores e todo esse emaranhado tecnológico agregam mais sofisticação e tornam-se cada vez mais baratos e mais fáceis de usar e de ser transportados. De outro lado, as novas tecnologias estão cada vez mais presentes e difundidas na sociedade, sendo usadas em muitas áreas todos os dias. Por que, então, a tecnologia, principalmente os computadores, têm sido tão mal utilizados nas escolas? Segundo Bernard Cornu,[5] do Institut Universitaire de Formation des Maîtres (IUFM), em Grenoble, França, existem basicamente duas razões para isso: *generalização* e *integração*.

Muitos esforços foram e estão sendo despendidos para o desenvolvimento de *hardwares* e *softwares* voltados à educação. Foram desenvolvidos muitos experimentos e pesquisas interessantes sobre os computadores nessa área. Contudo, nas escolas, os computadores são usados apenas por alguns professores – os mais entusiastas –, aqueles que dedicam horas e horas, noites e finais de semana tentando incorporar o uso do computador a suas aulas. Assim, a *generalização* diz respeito à massificação do uso dessas novas tecnologias por todos os professores. No início de um processo de utilização, apenas uma ou duas gerações tornarão possível o processo de generalização, pois só então teremos, proporcionalmente, mais professores que cresceram com aquela tecnologia.

Muitas vezes, as novas tecnologias são apenas somadas a outros tópicos nas escolas: cursos de informática são colocados no currículo; uma sala de computação ou de informática é adicionada às demais salas das escolas; um capítulo sobre as novas tecnologias é acrescentado aos livros didáticos; uma disciplina em meio à matriz curricular de formação dos professores destaca-se pela utilização da tecnologia; atividades feitas no computador são adicionadas às demais atividades das diversas turmas. Mas isso tudo é visto como "consumidor de tempo" e leva a maioria dos professores a "espremer" o restante do currículo no tempo remanescente. Assim, a *integração* dessas novas tecnologias deve ser clara e objetiva, não apenas adicionada. Ela deve existir nas matérias, no ensino, no aprendizado, na escola e na vida de ambos, professor e aluno.

---

5   CORNU, Bernard. *New technologies*: integration into education in integrating information technology into education. Deryn Watson and David Tinsley (Eds.). London: Chapman & Hall, 1995. p. 4-5.

O que acontece hoje nas aplicações da tecnologia – principalmente dos computadores – ao ensino é a ausência conceitual e prática desses dois conceitos, que, aliados à qualificação do corpo docente, formam a base de sustentação do sucesso de qualquer implementação de tecnologia educacional.

Mas o que é, de fato, *integração*? Segundo o dicionário Houaiss,[6] nada mais é do que "combinar partes em um todo", ou "incorporar novos elementos num conjunto".

Segundo Bernard,[7] "a integração também é, frequentemente, utilizada no sentido de oposição à segregação", trazendo todos em um patamar de igualdade dentro da sociedade.[8]

Muitos de nós têm em casa um rádio, um televisor, um aparelho de DVD. Geralmente, esses aparelhos são distintos. Cada vez mais, nós os conectamos através de uma enorme quantidade de fios. Segundo Bernard,[9] "esta é a primeira etapa da integração. E, provavelmente, todos esses objetos um dia serão integrados em um único aparelho".

Atualmente, já existem vários aparelhos integrados, com um tocador de CD, um aparelho de DVD, rádio e outras tantas funcionalidades. Entretanto, isso ainda não significa uma integração dessas tecnologias à sociedade. "As novas tecnologias estarão integradas apenas quando não forem ferramentas suplementares, agregadas ao que existiu antes, mas sim quando elas tomarem o lugar e se tornarem 'naturais' e 'invisíveis'."[10] São exemplos disso o telefone celular e, principalmente, os *smartphones*, os *tablets* e o televisor.

O que está acontecendo no ensino é que novas tecnologias estão sendo integradas às disciplinas e, cada vez mais, as disciplinas estão sendo influenciadas pelas novas tecnologias.

Novas tecnologias acrescentam ferramentas, novas possibilidades para lecionar. Uma pedagogia integrada deveria usar essas tecnologias como um componente fundamental, de forma integrada. Entretanto,

---

6 DICIONÁRIO HOUAISS DA LINGUA PORTUGUESA. Versão digital disponível em: <http://houaiss.uol.com.br>. Acesso em: 22 abr. 2013.

7 CORNU, 1995, p. 5.

8 PIVA JR.; CASTRO, 1998.

9 CORNU, 1995, p. 6.

10 CORNU, 1995, p. 6.

elas só estarão realmente integradas à pedagogia quando, dessa união, surgirem novos métodos e ferramentas pedagogicamente integrados.

O computador e toda essa tecnologia devem ser utilizados como meio, e não como fim do processo de ensino. Eles devem ser vistos como ferramentas que ajudarão o aluno a construir seu futuro. Entretanto, é a forma como utilizamos essa tecnologia em sala de aula que nos garante a efetividade das novas ferramentas pedagógicas.

O que estamos vendo na aplicação dos computadores e demais recursos tecnológicos são dois erros fatais para esse processo: o primeiro deles é utilizar uma tecnologia já obsoleta para o mercado, como um sistema operacional ou *software* aplicativo ou ferramentas de alta rotatividade (que sofre atualização constante). Precisamos ter em mente que a maioria dos recursos não deve ser voltada para o imediatismo ou para o treinamento baseado em ferramentas. Isso acontece naturalmente por meio da exploração, principalmente na geração de rede. Quando isso acontece, além de fomentarmos uma instrução dirigida, limitamos o conhecimento de nossos alunos. O segundo erro – e também o mais grave – está na forma de condução do ensino. O computador e outros recursos tendem a direcionar, pelo menos psicologicamente, sua utilização como o caminho mais fácil para aprender. Nesse momento, o trabalho com essas tecnologias passa de educação a simples treinamento.

Isso acontece não por maldade, mas por facilidade e por utilizarmos métodos tradicionais no ensino informatizado. Nós esquecemos a verdadeira missão da escola, que é educar, e não treinar. Devemos ter em mente que os computadores não são essenciais para o processo educacional; são apenas ferramentas que reforçam o que, de uma forma ou de outra, já foi transmitido ou absorvido em sala de aula (virtual ou física). O treinamento visa a um futuro imediato ou aplicação imediata, tarefa que deve ser deixada para os cursos técnicos ou de extensão. Já a educação é para a vida toda.

Enfatizamos que, mesmo sendo um recurso bastante atraente – o computador consegue prender a atenção das crianças devido à diversidade de mídias e à possibilidade de interação (isso pode ser notado ao se observar uma criança operando um *tablet*) –, o computador não deve ser a única ferramenta utilizada no ensino. O trabalho com materiais concretos não pode ser simplesmente abandonado. Observe, por exemplo, uma criança nas primeiras aulas sobre números. Note como ela utiliza os dedos para fazer a contagem. As crianças necessitam de atividades manuais, pois elas constituem uma oportunidade de manipular objetos físicos, como peças de madeira, massas de moldar, papéis e bolinhas coloridas.

Mesmo com o conceito de *tecnologia da educação* referindo-se à "utilização ou não de recursos mecânicos", quase todos os estudiosos dessa natureza estão sensibilizados tanto quanto ao uso desses recursos – que, sem dúvida, aumentam muito o alcance da ação educativa, devido a sua maior abrangência –, quanto ao número de pessoas e também ao número de estímulos propiciados a uma mesma pessoa.[11]

Mesmo assim, fortes evidências sugerem que a tecnologia, por si só, não é a panaceia da educação. Para funcionar bem, tanto para a escola como para os alunos, é preciso constituir uma **infraestrutura tecnopedagógica** no mesmo instante em que se instalarem os computadores e demais parafernálias eletrônicas e fios. Os elementos componentes dessa infraestrutura tecnopedagógica são os seguintes:

- **Conteúdos**: os *softwares* de referência (enciclopédias, dicionários etc.), os objetos de aprendizagem e a internet são ferramentas educacionais excepcionais somente quando as informações pesquisadas são relevantes para o processo de ensino-aprendizagem. Assim, devemos adaptar os conteúdos e as ferramentas educacionais para que, juntos, eles atinjam altos padrões de qualidade e efetividade.

- **Reforma curricular**: deve-se definir mais claramente as habilidades intelectuais que se espera desenvolver nos alunos para, a partir disso, desenvolver técnicas pedagógicas melhores.

- **Desenvolvimento profissional**: os professores não precisam apenas de treinamento para utilizar novas tecnologias em sala de aula. Eles precisam de tempo e suporte para planejar e desenvolver suas aulas.

> Chamamos de **infraestrutura tecnopedagógica** o conjunto de elementos essenciais para a correta correlação entre: professor-tecnologias-aluno-escola-sociedade.

---

11 PIVA JR.; CASTRO, 1998.

- **Acessibilidade**: os professores precisam ter mais acesso aos centros de pesquisas, simpósios, empresas desenvolvedoras de *softwares* e *hardwares*, assim como ter acesso aos colegas para troca de informações, colaboração em projetos e, principalmente, acesso a essas tecnologias. Se uma escola pretende iniciar um trabalho intensivo com *tablets*, por exemplo, o professor deve iniciar a exploração e a familiarização com essa tecnologia com pelo menos seis meses a um ano de antecedência.

- **Igualdade**: hoje, poucas escolas (principalmente as de elite) estão se preocupando com a introdução de novas tecnologias em sala de aula e treinando seus profissionais para essa realidade, embora isso devesse ser uma preocupação geral. Tal desigualdade aumenta ainda mais a exclusão social das pessoas de baixa renda. A igualdade de condições deveria ser prioridade de todos os governantes e cidadãos, mas, infelizmente, o que se vê é que tais programas ficam apenas no discurso e são utilizados como plataforma política em época de eleição.

- **Envolvimento da comunidade**: uma tendência global que vemos explodir é aquela dos limites da sala de aula, que não se restringe mais a quatro paredes e um professor. A começar pela abordagem de questões de seu dia a dia e pela introdução de redes de comunicação, como a internet (quebra das barreiras físicas e temporais), o aluno passa a interagir diretamente com a comunidade mundial. A conscientização global é necessária, pois, dessa forma, todos faremos parte da educação dessa nova geração.

Entretanto, o que podemos perceber ao analisar os altos investimentos na área educacional das grandes empresas de computadores e altas tecnologias, doando computadores e formando cada vez mais parcerias, é a transformação das escolas em grandes centros de treinamento corporativo. "Será que as crianças do Jardim da Infância conseguem escolher uma carreira profissional?"[12] Já em 1997, o jornal *The New York Times* alertou sobre isso em seu suplemento, dando vários exemplos de como os negócios estão aumentando sua dominação sobre

---

12 OPPENHEIMER, 1997.

os *softwares* educacionais e outros materiais curriculares, sem se importar com os objetivos educacionais.

Segundo Todd Oppenheimer,[13]

> é muito fácil caracterizar a batalha sobre os computadores, e toda essa parafernalha tecnológica, como meramente mais um capítulo na mais velha história do mundo: a resistência natural da humanidade à mudança. Isso seria uma injustiça para com as forças de trabalho nessa transformação. Não é apenas o futuro *versus* o passado, incertezas *versus* nostalgia; é sobre encorajar um deslocamento fundamental das prioridades das pessoas - minimizando o mundo real e físico em favor de um mundo 'virtual'. É sobre ensinar aos jovens que explorações em um mundo em uma tela bidimensional são mais importantes do que brincar com objetos reais, ou sentar e conversar com um amigo, ou um parente, ou um professor.

Nós precisamos ter em mente que o papel das escolas é ensinar os porquês e os mecanismos do mundo. Ferramentas vêm e vão. Facilitar o conhecimento de ferramentas a nossas crianças limita sua utilização e também seu futuro. Para tanto, um professor precisa de muito preparo: além de dominar a matéria que leciona, ele deve estar uma etapa à frente dessa matéria e observá-la de um patamar acima, tendo assim uma visão geral, conhecendo sua história, sua evolução e suas implicações na sociedade.

O professor deve também dominar o processo de ensino-aprendizagem e os aspectos didáticos da transmissão de conhecimento. Deve conhecer o sistema educacional, as regras da sociedade e os apectos éticos da profissão. Esses componentes não devem ser apenas adicionados ou justapostos; eles têm forte interação entre si e, quando combinados, formam um conjunto.

As novas tecnologias devem ser tratadas de forma similar. *Integração* significa uma possível intervenção nos diferentes componentes que formam um professor, assim como na disciplina, na transmissão de conhecimento, nos alunos etc.

---

13 OPPENHEIMER, 1997.

Desse modo, a profissão de "professor" ou, de forma mais ampla, de "educador" será marcada por uma carga de trabalho maior – não só horas semanais dentro da sala de aula, mas também fora dela, dentro de uma oficina pedagógica ou um centro de pesquisa, com outros professores, trabalhando em conjunto, desenvolvendo novas tecnologias para as aulas, colaborando na criação, elaboração e produção de novas ferramentas ou atividades para o ensino. Assim, eles serão genuínos intelectuais, especialistas no ensino-aprendizagem, verdadeiros profissionais.

Novas tecnologias implicarão novas competências para lecionar, mas também tornarão as competências tradicionais mais necessárias, mais ligadas umas às outras e mais integradas.

Conhecimento e pedagogia devem se integrar para construir as habilidades profissionais do futuro educador. Dessa forma, o treinamento dos docentes torna-se o ponto-chave dessa mudança.

PARA SABER MAIS

Tecnologia educacional

A tecnologia educacional é, fundamentalmente, a relação entre a tecnologia e a educação, que se concretiza em conjunto dinâmico e aberto de princípios e processos de ação educativa, resultantes da aplicação do conhecimento científico e organizado à solução ou encaminhamento de soluções para problemas educacionais.[14]

A rádio educativa

Ao transmitir informação, ao comunicar significados, o rádio participa do processo sociocultural de desenvolvimento de grande parte da população do planeta, pelo que podemos dizer, efetivamente, que o rádio educa. A partir dos anos 1940, ao lado das formas radiofônicas

---

14 NETO, Francisco Silveira Lobo. In: NISKIER, Arnaldo. *Tecnologia educacional*: uma visão política. Petrópolis: Vozes, 1993. p. 15.

conhecidas, começa o uso do meio para fins explicitamente educativos. Desenvolvem-se programas no campo da educação assistemática e, mais tarde, outros com conteúdos curriculares correspondentes aos diferentes níveis de escolarização. Na atualidade, contamos com sistemas de educação presencial e sistemas de educação à distância multimidiais que incluem – ou não – modos presenciais como parte da proposta. Encontramos projetos de educação a distância, cujo suporte principal é o rádio, que recorrem a materiais impressos, audiovisuais e encontros presenciais como complemento, ou que utilizam este meio para complementar o texto escrito e/ou visual.[15]

---

15 SCHEIMBERG, Martha. Educação e comunicação: o rádio e a rádio educativa. In: LITWIN, Edith. *Tecnologia educacional*: políticas, histórias e propostas. Porto Alegre: Artes Médicas, 1997. p. 50-51.

[N.A.]: O rádio, com o advento da internet e o aumento de velocidade de conexão, foi gradativamente substituído pelo vídeo (no formato *streaming*) e pelo áudio gravado, conhecido como *podcast*.

ATIVIDADES PROPOSTAS

1. Discuta a possibilidade de integrar a ferramenta pedagógica *computador* nas escolas públicas e privadas. Enumere as mudanças que serão necessárias para a efetivação desse processo. Se a ferramenta fosse *tablet,* mudaria alguma coisa?

2. Você acredita que o domínio operacional do computador é "essencial" para os nossos jovens? Justifique.

3. Faça um paralelo entre o método construtivista e as novas competências profissionais exigidas pela introdução dos computadores em sala de aula.

4. Diferencie "treinar" de "educar". Estabeleça um paralelo entre os dois processos e a introdução dos computadores em sala de aula.

BIBLIOGRAFIA SUGERIDA

CORNU, Bernard. *New technologies*: integration into education in integrating information technology into education. Deryn Watson and David Tinsley (Eds.). Chapman & Hall, 1995.

KENSKI, Vani Moreira. *Tecnologias e ensino presencial e a distância*. Campinas: Papirus, 2003.

LITWIN, Edith. *Tecnologia educacional*: políticas, histórias e propostas. Porto Alegre: Artes Médicas, 1997.

NISKIER, Arnaldo. *Tecnologia educacional*: uma visão política. Petrópolis: Vozes, 1993.

OPPENHEIMER, Todd. The computer delusion. *The Atlantic Monthly*, v. 280, n. 1, p. 45-62, jul. 1997.

PIVA JR., Dilermando; CASTRO, Giselle Fernandes. *A informática na era de educação*: uma reflexão de educador para educador. Campinas: People, 1998.

SILVA, Robson S. da. *Objetos de aprendizagem para educação a distância*. São Paulo: Novatec, 2011.

WURMAN, Richard Saul. *Ansiedade de informação*: como transformar informação em compreensão. 5. ed. São Paulo: Cultura Editores Associados, 1995.

CAPÍTULO 10

▶ O futuro

Falar do futuro é um ato de predição, principalmente quando tratamos da área tecnológica, que se desenvolve tão velozmente.

Nada melhor do que falar do futuro relatando nossas conquistas, nossas descobertas, nossa vida.

Por esse motivo, este capítulo não será desenvolvido por mim, mas sim por todos os leitores. Aqui, serão apresentadas suas experiências, suas conquistas, suas frustrações etc. Com isso, tentaremos atingir um de nossos objetivos: mudar um pouco a concepção de livro estático. Desse modo, ele se tornará vivo, tão vivo quanto forem os leitores e sua criatividade.

Assim, se desejar, envie sua experiência para o e-mail dpivajr@editorasaraiva.com.br. Sua história será lida e comentada pelo autor.

Lembre-se de que ela é importante não só para você, mas principalmente para as outras pessoas que, como você, tentam transformar os sonhos em realidade. Com isso, estaremos caminhando de forma concreta para a construção de um conhecimento coletivo.

REFERÊNCIAS

ALCALDE, E. et al. *Informática básica*. São Paulo: Makron Books, 1991. p. 5-6.

ALESSI, S.; TROLLIP, S. *Computer-based instruction*: methods and development. Englewood Cliffs: Prentice-Hall. 1991. p. 173-82.

BECKER, Gary S. A Theory of Social Interactions. *Journal of Political Economy*, 82(6), p. 1063–1093, 1974.

BID E INTER-AMERICAN DIALOGUE. Futuro em risco. *Jornal do Brasil*, Rio de Janeiro, 10 abr. 1998.

BOFF, Leonardo. *O despertar da águia*: o diabólico e simbólico na construção da realidade. Petrópolis: Vozes, 1998. p. 38.

BRAGA, M. Realidade virtual e educação. *Revista de Biologia e Ciências da Terra*, v. 1, n. 1, 2001. Disponível em: <http://eduep.uepb.edu.br/rbct/sumarios/pdf/realidadevirtual.pdf>. Acesso em: 22 abr. 2013.

BRASIL. *PCN + Ensino Médio*: Orientações educacionais complementares aos Parâmetros Curriculares Nacionais: Ciências humanas e suas tecnologias. Brasília: Ministério da Educação, 2002.

CONTE, A. L.; DURSKI, G.R. Qualidade. *Gestão empresarial*, v. 2, Editora Gazeta do Povo, 2002. Disponível em: <http://www.fae.edu/publicacoes/colecao_gestao.asp>. Acesso em: 22 abr. 2013.

CORNU, Bernard. *New Technologies:* integration into education in integrating information technology into education. Deryn Watson and David Tinsley (Eds.). London: Chapman & Hall, 1995. p. 4-5.

CUBAN, L. *Teachers and machines*: the classroom use of technology since 1920. NY: Teachers College Press, 1986.

CURSO INTENSIVO DE HISTÓRIA DO BRASIL. Disponível em: <http://www.dominantesapps.com.br/historiabrasiliphone.html>. Acesso em: 22 abr. 2014.

DICIONÁRIO HOUAISS DA LINGUA PORTUGUESA. Versão digital disponível em: <http://houaiss.uol.com.br>. Acesso em: 22 abr. 2013.

DIMENSTEIN, Gilberto. *Aprendiz do futuro*: cidadania hoje e amanhã. São Paulo: Ática, 1997. p. 18.

DRUCKER, Peter F. *Post capitalist society*. New York: HarperCollins, 1993.

FERRÉS, J. *Vídeo e educação*. 2. ed. Porto Alegre: Artes Médicas, 1996.

GATES, Bill. *A estrada do futuro*. São Paulo: Companhia das Letras, 1995.

HONEY, M.; MOELLER, B. Teacher's beliefs and technology integration: different values, different understandings. *CTE Technical Report Issue*, n. 6, ago. 1990.

INSTITUTO BRASILEIRO DE GEOGRAFIA E ESTATÍSTICA–IBGE, 1995. Disponível em: <http://.www.ibge.gov.br>. Acesso em: 19 abr. 2010.

INSTITUTO BRASILEIRO DE OPINIÃO PÚBLICA E ESTATÍSTI-CA–IBOPE, 2009 – Relatório INAF-2009. Indicador de Alfabetismo Funcional: principais resultados. Disponível em: <http://www4.ibope.com.br/ipm/relatorios/relatorio_inaf_2009.pdf>. Acesso em: 19 abr. 2012.

KEARSLEY, Greg. *Educação on-line*: aprendendo e ensinando. São Paulo: Cengage Learning, 2011. p. 4.

LEITE, Lígia Silva. (Org). *Tecnologia educacional*: descubra suas possibilidades na sala de aula. 7. ed. Petrópolis: Vozes, 2012. p. 93-94.

LÉVY, Pierre. *As tecnologias da inteligência*: o futuro do pensamento na era da informática. São Paulo: Editora 34, 1993. p. 7.

_____. *A inteligência coletiva*: por uma antropologia do ciberespaço. São Paulo: Loyola, 1998. p. 15.

LIDWELL, W. et al. *Princípios universais do design*. Porto Alegre: Bookman, 2010. p. 154.

LITTO, Fredric M. *Computadores*. Cartagena e conscientização regional. Projeto Aprendiz do Futuro, 1998. Disponível em: <http://www.aprendiz.com.br>. Acesso em: 8 fev. 2013.

MATTAR, João. *Tutoria e interação em educação a distância*. São Paulo: Cengage Learning, 2012. p. 112.

MIZUKAMI, Maria da Graça Nicoletti. *Ensino*: as abordagens do processo. São Paulo: EPU, 1986.

NEGROPONTE, Nicholas. *A vida digital*. São Paulo: Companhia das Letras, 1995.

NÉRICI, I.G. *Educação e tecnologia*. Rio de Janeiro: Fundo de Cultura, 1973.

NETO, Francisco Silveira Lobo. In: NISKIER, Arnaldo. *Tecnologia educacional*: uma visão política. Petrópolis: Vozes, 1993. p. 15.

OCDE, 2012. Education at a Glace 2012. In: UOL Educação. *Brasil aumenta investimento em educação, mas ainda não alcança médias da OCDE*. Disponível em: <http://educacao.uol.com.br/noticias/2012/09/11/brasil-aumenta-investimento-em-educacao-mas-ainda-nao-alcanca--medias-da-ocde.htm>. Acesso em: 19 abr. 2013.

OLIVEIRA, Ramon de. *Informática educativa*. Campinas: Papirus, 1997. p. 118.

OPPENHEIMER, Todd. The computer delusion. *The Atlantic Monthly*, v. 280, n. 1, p. 45-62, jul. 1997.

PNAD/IBGE, 2009. Pesquisa Nacional por Amostra de Domicílios (PNAD). Rio de Janeiro: IBGE, 2009. Disponível em: <http://www.ibge.gov.br/home/estatistica/populacao/trabalhoerendimento/pnad2009/pnad_sintese_2009.pdf>. Acesso em: 13 fev. 2013.

PIVA JR., Dilermando; FERNANDES, Giselle Catro. *Uma reflexão de educador para educador*. Campinas: People,1998.

PIVA JR., Dilermando et al. *Algoritmos e programação de computadores*. São Paulo: Elsevier, 2012. p. 36-37.

PORTAL G1 (2001). IBGE indica que analfabetismo cai menos entre maiores de 15 anos. Disponível em: <http://g1.globo.com/brasil/noticia/2011/11/ibge-indica-que-analfabetismo-cai-menos-entre-maiores--de-15-anos.html>. Acesso em: 19 abr. 2013.

ROBLYER, M.D. et al. *Integrating educational technology into teaching*. Englewood Cliffs, NJ: Prentice-Hall, 1997. p. 100-101.

ROSZAK, Theodore. *O culto da informação*. São Paulo: Brasiliense, 1998.

STAA, B.V. Sete motivos para um professor criar um *blog*. Disponível em: <http://www.educacional.com.br/articulistas/betina_bd.asp?codtexto=636>. Acesso em: 22 abr. 2013.

SECRETARIA DE EDUCAÇÃO FUNDAMENTAL. *Parâmetros Curriculares Nacionais*. Brasília: MEC/SEF, 1997. p. 25-27.

SCHEIMBERG, Martha. Educação e comunicação: o rádio e a rádio educativa. In: LITWIN, Edith. *Tecnologia educacional*: políticas, histórias e propostas. Porto Alegre: Artes Médicas, 1997. p. 50-51.

SOUZA, H. A. G. Documentário, realidade e semiose: os sistemas audiovisuais como fontes de conhecimento. São Paulo: Annablume: Fapesp, 2001.

TAPSCOTT, Don. *Growing up digital*: the rise of the net generation. New York: McGraw-Hill, 1997.

VALENTE, José Armando. *Computadores e conhecimento:* repensando a educação. Campinas: Gráfica Central da UNICAMP, 1993. p. 7.

WURMAN, Richard Saul. *Ansiedade de informação*: como transformar informação em compreensão. 2. ed. São Paulo: Editora de Cultura, 1999.